孔令刚 主编

吴冬梅 编著

的智慧

修身金言

XIUSHEN JINYAN

全国百佳图书出版单位

时代出版传媒股份有限公司

安徽人民出版社

图书在版编目（ＣＩＰ）数据

修身金言/孔令刚主编　吴冬梅编著.—合肥:安徽人民出版社,2014.4

ISBN 978－7－212－07228－5

Ⅰ.①修…　Ⅱ.①孔…②吴…　Ⅲ.①道德修养—通俗读物　Ⅳ.①B825－49

中国版本图书馆 CIP 数据核字(2014)第 057171 号

修身金言

孔令刚　主编

吴冬梅　编著

出 版 人:胡正义　　　　　　　　　责任印刷:董　亮

责任编辑:周子瑞　　　　　　　　　装帧设计:宋文岚

出版发行:时代出版传媒股份有限公司 http://www.press-mart.com

安徽人民出版社 http://www.ahpeople.com

合肥市政务文化新区翡翠路 1118 号出版传媒广场八楼

邮编:230071

营销部电话:0551-63533258　　0551-63533292(传真)

制　　版:合肥市中旭制版有限责任公司

印　　刷:合肥芳翔印务有限公司

（如发现印装质量问题,影响阅读,请与印刷厂商联系调换）

开本:710×1010　1/16　　　　　印张:12.75　　　　　字数:230 千

版次:2014 年 10 月第 1 版　2015 年 7 月第 3 次印刷

标准书号:ISBN 978－7－212－07228－5　　　定价:23.00 元

总　序

　　"金言"最早来自于佛教,信佛的人称佛的教言为金言。我们这里金言与格言类似,有珍贵言语之意。所以,"金言"是言简意赅的睿智语句。

　　"审视一串别人的足迹,践履一条自己的人生路。"商道即人道,人道即天道。徽商仁义敦厚、勤勉好学、志向远大、知恩图报、恪尽职守,充满人文情怀,追求商道人生中的大道大义。对于徽商精神的深入发掘,也是对中国传统人文精神的形象化展示。我们试图用"金言"的形式,分别从交友、治家、经商、修身、处世等5个主要方面撷取徽商的睿智语句,在弘扬徽商精神的同时,以期为人们尤其现代商人提供借鉴,汲取人生智慧。

　　徽商的概念不仅仅包括古徽州经商的人,同时还应该包括徽籍商人所经营的商业,也就是说"徽商"是指古徽州从商的人以及由他们创造的、以商业为主导的徽州地域特色经济和商人文化。地理环境为徽州人走出徽州,走上商旅提供了便利的条件;徽州人也凭借自己的聪明才智把握住了这个机会,创造出了属于他们的辉煌。绚丽精深、领域宽广、体系丰富的徽文化培育了徽商以自强不息、尽职尽责、崇尚节俭、勤劳忍耐、诚实守信、尊重知识、尊重人才、和睦邻里、济贫救灾为特征的传统美德。经过60多年的研究,对徽商的定义、徽商的起源、徽商的经营特点、徽商成功的影响因素、徽商衰败的原因、徽商对社会和历史的影响等方面的研究成果已经相当丰富。要想从单个角度入手,继续深度地挖掘已经很困难了。在这个金言系列中,我们也没有打算给读者提供规范和严谨的学术研究线索,只是希望通过鲜活的案例、画龙点睛的感悟,给读者朋友提供丰富阅读视野的素材,提供观察世界的窗口和体察人生的思路。

　　徽州人有修家谱的习惯。对于那些违反纲常的不肖子孙,要在家谱、宗谱、族谱中除名,不予登记造册,不让他认祖归宗,让他成为孤魂野鬼。就这一条规矩,就足以让全体族人遵纪守法、尊师重教、积极进取,最后功成名就,流芳千古,也使整个家族繁衍生息,永避祸端。明清时期,徽州名臣学者辈出,仅仅5个小县城的进士就有2018人,而在歙县一地,明、清就有43人列入诗林、文苑,出现过"连科三殿撰,十里四翰林"、父子同为"尚书"、兄弟两个一起为"丞相"的逸事,造就了诗书礼仪之风,培育了竞相怒放的徽学之花,给后人留下了异彩纷呈的人文景观和历史景观。

对联是我国文学艺术百花园中的一朵奇葩。徽州几乎所有古民居中都有诗文联匾,尤其是楹联更为必备。这些诗文联匾不仅书法精妙绝伦,而且内容丰富、寓意深刻,包括做人的准则、读书的道理、治家的诀窍、创业的方略、经商的招数,使这些短小精练的名联佳对,变成了帮促世人"修身、齐家、治国、平天下"的如珠妙语和劝世良言,寄寓着主人的精神追求及对人生的体味和对后代的期盼。徽商奉行"货真、价实、热诚、守信"的为商之德,对商品要求货真价实,对顾客和商业伙伴热诚守信,"戒欺"、"真不二价"、"少时不欺客、畅时不抬价"等警句楹联,不仅屡屡出现在古徽州民居的门匾上,更贯穿于徽商的经营活动全过程。楹联从一个侧面真实地反映了徽商的风貌与精神传承,以特殊的形式承载着徽州的文化和历史。今天,这份瑰丽的文化遗产,尚待进一步发掘整理。在本丛书中,一些重要的诗文联匾也被我们辑录并推荐给读者。

徽商的商业实践,推动了众多商书的出现。明代后期出现了不少商书,如《一统路程图记》、《天下水陆路程》、《新安原版·士商类要》、《天下路程图引》、《客商一览醒迷》、《新刻士商要览——天下水陆行程图》等。这些商书不仅介绍了全国数百条(重点在长江流域)交通路线、水陆途程,而且还详载各条路线沿途食宿条件、物产行情、社会治安、船轿价格等。有的商书还专门介绍了从商经验,告诫商人在投牙、找主、定价、过秤、发货、付款、索债、讼诉等过程中应予注意的各个环节,总结了商人应该遵循的商业道德。商书的出现不仅有利于商业的发展,同时也为商业文化增添了新的内容。

徽州人闯荡商海,历经多少艰辛与磨难,体现了不甘于贫困、追求发展、勇于冒险闯荡、开拓进取、相互协作的精神,铸就了坚忍不拔、吃苦耐劳、百折不挠的顽强意志以及回报社会的良好品德。徽商在经商过程中留下了大量的懿行嘉言,大都通俗易懂,有事有理、即浅即深,包括许多为人处世、应事接物、经商策略等基本道理,激励他人和后辈改过从善,奋发向上,在今天也有很好的参考和借鉴价值。

我们试图从纷繁丰富的典籍、文书、诗文联匾、族谱家训等原著以及浩如烟海的著作、论文之中搜集、撷取徽商言论的精华,将其分门别类并按一定的逻辑顺序呈现出来。本丛书第一辑按内容分类,共5册,包括《治家金言》、《经商金言》、《修身金言》、《处世金言》、《交友金言》。每类又大体按照经典原文、译注、感悟和相关故事链接以及延伸阅读等5个部分的体例编排。可能会有少许条目交叉，但编写者会从不同的角度予以解读。因为徽商的做人、处世以及交往、经商等实际上是儒家"修身、齐家、治国、平天下"的践行过程。

70多年前，哲学家怀特海在哈佛商学院的一次演讲中说："伟大的社会是商人对自己的功能评价极高的社会。"《财富》杂志的创办人亨利·卢斯将这种使命感推向极致，他认为商业即是"社会的核心"，商业行为保证了对自由市场的严格要求，从而确认了自由社会的基础。现代国际经济社会发展更进一步证明了社会财富的增长绝非仅靠积累，而是通过广泛交换、刺激生产和消费、不断创造而来的。所以对民富国强的社会发展来说，商业发达是其坚实的基础。

我们辑录这些"金言"的过程也是接受徽商文化熏陶和洗礼的过程。徽商身上所表现出的"徽骆驼精神"是民族顽强的原始生命力和勇于开拓创新精神的一个生动体现。"徽骆驼"的精髓，是"自强不息，厚德载物"。徽商长期经营活动中积累和沉淀下来的"进取、创新、合作、诚信"的人文精神，勇于开拓、坚忍不拔的创业意志，同心协力、相辅相成的团队观念，诚信重诺、依律从商的契约意识，重义轻利、贾而好儒的人文品格，是徽文化精神的核心与动力，是徽文化的精华。"徽骆驼精神"也正是我们今天要提倡并需要发扬的自强不息、吃苦耐劳、积极进取、拼搏创新的优良品德。

真正的商人，必是有志向、有毅力、有能力、有修养者。在他们身上，彰显着敢作敢为、能作能为的魄力胆识，这应该成为我们民族精神中积极和闪亮的部分。我们社会需要的是心志专一、敬业乐群、俭约朴实、信义为尚，勇于挑战命运，竭力实现自我，同时回报大众的出类拔萃之辈。我们不能苛求徽商，因为我们不能苛求历史。今天我们研究徽商，要赋予徽商精神新的时代内容，容纳新的时代精神。创造一个守契约、讲诚信的法治环境，创造一个提倡创新、注重独立性的人文环境，才是我们今天的当务之急。这样的环境才真正有利于现代商业的发展，也有利于一切正当事业的发展；同样，今天我们培育积极、健全的商人精神，重建社会道德，也需要从最基础的工作做起，从最生动地展现中国人的精神面貌和真实人性的亲情、人伦、诚信、敬业、乐群等入手，找到社会秩序重建的正途。

本丛书编写过程中，参考了大量关于徽商、徽文化研究等方面前辈老师及同行学者的研究成果，由于容量有限，我们没有将这些文献列示出来。这些文献为我们的写作点亮了前进的航标灯。对此，我们向这些前辈老师及同行学者表示诚挚的谢意！更希望前辈老师、同行学者和读者朋友对书中的不足给予指正批评！

　　本丛书编撰，安徽人民出版社的各位领导从选题策划、内容确定、编撰形式到最后定稿都给予了细致的指导；编辑老师专业严谨，精心编校，使本丛书得以顺利出版发行。对此，我们表示衷心的感谢！

孔令刚

2014 年 6 月

前　言

修身为治家、经商、处世、交友的根本。可以说,倘若徽商没有好好修身,那么他们的治家、经商、处世、交友也不会太成功。

1. 修身的内涵

修身,指修养身心,也就是努力提高自身的思想道德修养水平。道家、儒家、墨家都讲修身,但内容不尽相同。儒家自孔子开始,就十分重视修身,并把它作为八条目之一,"八条目"分别为"格物"、"致知"、"诚意"、"正心"、"修身"、"齐家"、"治国"、"平天下"。

2. 修身的重要性

《礼记·大学》中说:"古之欲明明德于天下者,先治其国。欲治其国者,先齐其家,欲齐其家者,先修其身。"意思是,"古代那些要想在天下弘扬光明正大品德的人,先要治理好自己的国家;要想治理好自己的国家,先要管理好自己的家庭和家族;要想管理好自己的家庭和家族,先要修养自身的德性。"这句话强调了"修身"对于"齐家"、"治国"、"平天下"的重要作用;"修身"、"齐家"、"治国"、"平天下"之间有逻辑递进关系,"修身"又处在先决条件的地位。可见,中国古代先贤已经意识到:如果没有"修身",那么"齐家"、"治国"、"平天下"就无从谈起。因此,一个人如果想要有所作为,一定要先从修身做起。

3. 徽商重视修身

在儒学底蕴深厚的徽州,徽商受儒学、特别是程朱(程颢、程颐和朱熹)理学的影响深远,因而,他们非常重视修身。

首先,徽商注重自身修养的提高。他们从小受儒学的濡染,天性爱好儒学,即使是在经商途中,舟车劳顿、事务繁忙中,也经常忙里偷闲,手不释卷,研读经史。他们中有人的儒学成就竟然比一些专攻儒学的学者还要大,儒学水平比所谓的儒生的水平还要高。由于儒学经典的熏陶,他们拥有孝悌、忠信、谦逊、勤俭、宽容等等品格,践行儒学义理,具备君子基本的素质,有儒士之风范。

其次,徽商注重在修身的基础之上齐家、治国、平天下。修身本身不是目的,而是齐家、治国、平天下的手段。徽商讲求实效，注重学以致用，关注当下现实，将儒学义理运用于齐家、治国、平天下等方面，颇见成效。

最后，徽商还注重通过教育提高子弟修养。修身也要讲究可持续性。徽商很清楚，子弟是宗族的希望，因此对于子弟修养的要求和培养毫不含糊。他们以身作则，坚持不懈地监督，不惜花费大量人力财力教育子弟，以使徽商的繁荣得以持续很久。

4. 本书主要内容

首先，本书共分十六个部分。分别为：修身养性；斯文君子；希圣超凡；天性好儒；亦儒亦贾；谦让坚忍；勤俭持家；孝悌传家；背恶向善；忠信立身；国而忘家；为官本分；治生为本；利济宗族；培育子弟；贤德贞节。

其次，每个部分都有一个主题。"修身养性"主要讲徽商通过多种途径加强自身修养；"斯文君子"主要讲徽商通过苦修儒学而使自己成为君子；"希圣超凡"主要讲徽商以圣贤为修身的终极目标；"天性好儒"说明徽商注重修身的原因；"亦儒亦贾"描述徽商一边经商一边对儒业的坚持；"谦让坚忍"主要描述徽商在经商过程中谦让、坚强、忍耐的性格；"勤俭持家"主要描述徽商居家勤劳节俭；"孝悌传家"主要描述徽商讲究孝悌；"背恶向善"主要讲徽商一心向善；"忠信立身"主要讲徽商以忠信为立身的根本；"国而忘家"主要讲徽商以国家利益为重；"为官本分"主要讲徽商谨慎的为官之道；"治生为本"主要讲徽商弃儒从商是为生计所迫；"利济宗族"主要讲徽商经商成功之后不忘整个家族利益，支持家族事业；"培育子弟"主要讲徽商注重培养子弟；"贤德贞节"主要讲徽商成功背后的徽商妇。

最后，如此编写的原因。本书主要是按照"修身"、"齐家"、"治国"、"平天下"这样的主旨来编写的。"修身"包括"修身养性、斯文君子、希圣超凡、天性好儒、亦儒亦贾、谦让坚忍"，"齐家"包括"勤俭持家、孝悌传家"，"治国、平天下"包括"背恶向善、忠信立身、国而忘家、为官本分"。最后，还阐释了徽商为了生计好儒而又不得不舍弃儒学，在经商成功后资助宗族事业，培育下一代；徽商妇的贤德贞洁又是徽商成功不可或缺的重要因素之一。

通过编写此书，希望读者能够了解徽商修身方面的精华，希望引起读者对他们修身的考量，为今后人生修身之路提供一种借鉴。

目　录

一、修身养性

二、斯文君子

三、希圣超凡

四、天性好儒

五、亦儒亦贾

六、谦让坚忍

七、勤俭持家

八、孝悌传家

九、背恶向善

十、忠信立身

十一、国而忘家

十二、为官本分

十三、治生为本

十四、利济宗族

十五、培育子弟

十六、贤德贞节

后记

一、修身养性

【原文】

名心澹在如黄菊，诗旦①清求似白鸥。

【译注】

①旦：乐曲调名。

这句话的意思是，求名的心态，淡泊得像黄菊；追求诗句的清雅，纯洁得像白鸥。

辑自倪国强编著《黟县民间古楹联集萃》。

【感悟】

徽商受儒学影响深，并不像守财奴一样，而是淡泊名利，志存高远。

【故事链接】

歙县吴伯清"弃儒就贾淮海之间"不能经商回家，所以他不仅"寓书"其妻，嘱咐她"善课儿"，而且直接与儿子吴士奇通信联系，在儿子吴士奇始"成进士"时，他"以书戒曰：'臣无二心，当矢策名之，始俗之渐人，中士尤难自持。'"诫子不要沾染官场的恶劣风习，并在信中写下"宁静"、"淡泊"作为其子为官时的信条。

【延伸阅读】

诸葛亮有"淡泊以明志，宁静以致远"，陶渊明有"采菊东篱下，悠然见南山。问君何能尔，心远地自偏"。这些都表明徽商的思想与中国传统文化的精华有不可分割的联系。

【原文】

> 欲除烦恼须无我①，历尽艰难好作人。

【译注】

①无我：原是佛教教义，也称非我、非身。佛教根据缘起理论，认为世界上一切事物都没有独立的、实在的自体，即没有一个常一主宰的"自我"（灵魂）的存在，此即人无我；法无我（法空）则认为一切法都由种种因缘和合而生，不断变迁，没有常恒的主宰者。当然，日常生活中也常用"无我"，意思与忘我相近。

这句话意思是说：想排除一切烦恼，就必须做到"无我"；如果历尽了千难万险，做什么就都不在话下了。

辑自倪国强编著《黟县民间古楹联集萃》。

【感悟】

无我，佛教教义。亦称非我、非身。三法印之一。无我就是对外境，包括自己的身体都无控制念头，宁静随缘，得大自在，大快乐。佛教根据缘起理论，认为世界上一切事物都没有独立的、实在的自体，即没有一个常一主宰的"自我"（无我不是说无灵魂，有心灵但无"我"这个概念搅乱"真我"，就叫无我）的存在。他们认为房子是砖瓦木石的结合体，人是由五蕴（色、受、想、行、识）组成的，在这样的集合体中，没有常住不变的"我"，故谓无我。

【故事链接】

《婺源县志》记载了一个故事：曾有一个广东商人要将一箱珠宝与三箱海产运到北方去，殊不知，半路上雇的两个挑夫却打起了他的主意。万幸的是，一天夜里，广东商人起来夜尿，听到隔壁挑夫悄声商量谋财害命的办法。原来，他们想先到衙门去报官，说广东商人的货没有征税，广东商人听到风声后一定会逃命。然后，他们就可以把那箱珠宝对半平分。如果官府不理会，那就等到一个无人的地方，将商人一刀结果掉。两个挑夫的话惊得广东商人出了一身冷汗。第二天，他硬着头皮上路，一边思量着对策。来到婺源县城的时候，一家客栈老板见到广东商人打招呼说："客官，住宿吗？"广东商人灵机一动：何不先将货物存在他这里，来一个金蝉脱壳，从长计议？但是，当下他也不答话，径直往前走。中午的时候，广东商人说要休息一会儿，找了一家客栈假装午睡。那两位挑夫则趁机到衙门去报官。见挑夫一走，广东商人马上叫人把箱子挑到刚才路过的客栈去，找到了那家客栈的老板汪源，向他说了事情的经过，并承诺事成之后，箱内财物对半均分。汪老板马上把财物都藏了起来，然后往箱子里塞了一些杂物。广东商人急忙挑着担子回到客栈。刚回到客栈，挑夫就带着衙门的捕头来到了门口，将广东商人的箱子打开，却只发现了一些杂物。两个挑夫犯了妄言之罪，各挨了五十大板。逃过一劫的广东商人按照当初的承诺，要把财物分给汪源一半，汪源却说什么也不肯收，他对广东商人说："我帮你不是为了获取酬金，只是出于做人的道义。"

【延伸阅读】

朱熹说："不以其道得之，谓不当得而得之。然于富贵则不处，于贫贱则不去。君子之审富贵而安贫贱也如此。"徽商并不武断地反对取利，但他们的基本态度是讲求义利之道，见利思义，不取不义之财。"君子爱财，取之有道"，这是儒家对商业的基本态度，也是徽商经商之道。

【原文】

练达①人情皆学问，精明世故即经纶②。

【译注】

①练达：阅历多，通晓人情世故。②经纶：理出丝绪叫经，编成绳索叫纶，这里借指才干和抱负。

这句话的大意是：通晓人情就是学问，熟知世故就有才干。

辑自倪国强编著《黟县民间古楹联集萃》。

【感悟】

徽商大多历经商海沉浮,具有百折不挠的进取精神。穷困的生存环境迫使徽商走出家门,他们一般以小本起家,闯荡商海。商海浪涛汹涌,凶险异常,一不小心就会搁浅甚至沉没。然而徽商的可贵之处在于,他们受到挫折之后,并非一蹶不振,从此便销声匿迹,而是义无反顾、百折不挠,不成功绝不罢休。许多徽州大商人都是经历了无数次失败,最后终于成功走上致富的道路。

【故事链接】

张小泉,明末徽州黟县会昌乡人。其父张思家,自幼在以"三刀"闻名的芜湖学艺。小泉在父亲的悉心指教和实践中,也练就了一手制剪的好手艺。明朝末年,灾害频繁,烽烟四起。黟县百姓朝不保夕,苦不堪言。父子二人,制剪为业,小泉刻意求师访友,技艺大进。经过反复琢磨,终于创制出嵌钢制剪的新技术。他选用闻名的"龙泉"钢为原料,制成的剪刀,镶钢均匀,磨工精细,刀口锋利,开闭自如,因而名噪一时。

【延伸阅读】

与曹雪芹著《红楼梦》第五回中的一副对联"世事洞明皆学问,人情练达即文章"意思相仿。明白世事,掌握其规律,这些都是学问;恰当地处理事情,懂得道理,总结出来的经验就是文章。说的是:把世间的事弄懂了处处都有学问,把人情世故摸透了处处都是文章。

【原文】

家居①肃然②。不苟言笑,以正贻范③。孙子不冠萧履④不敢见封君(黄裕)。封君即燕居⑤未尝不冠,即不冠未尝见孙子也。

【译注】

①家居:在家里闲住。②肃然:形容十分恭敬的样子。③贻范:留下典范;使

成典范。④肃履:恭敬地走。⑤燕居:退朝而处;闲居。

这句话的意思是,黄裕在家里闲住的时候样子也十分恭敬。他不苟言笑,以作为子孙的典范。后辈们如果不穿戴整齐,不恭敬地走路的话,就不敢见他。他即使在闲居的时候也不会不穿戴整齐,一旦没有穿戴整齐,他就不会见自己的后辈。

辑自方承训《复出集》(四库全书存目丛书本)。

【感悟】

这句话是说歙县商人黄裕即使在家闲住的时候也是儒者、君子之风范。时人方承训指出,黄氏子姓之所以能"循规遵度"就在于封君的"躬行"之教。"子贡曰:夫子温、良、恭、俭、让以得之。夫子之求之也,其诸异乎人之求之与?"(《论语·学而》)意思是:"子贡说:老师(孔子)以他的温和、善良、恭敬、俭朴、谦让而得到这样的资格。(这种资格也可以说是求得的。)但他求的方法,或许与别人的求法不同吧?"子贡以"温、良、恭、俭、让"来形容孔子,在这里黄裕具备了其中之一,也算是有儒者风范了。

【故事链接】

"红顶商人",指清末著名徽商胡光墉。胡光墉因捐输和辅佐陕甘总督左宗棠有功,清廷赏封布政使衔、从二品文官,顶戴用珊瑚,赏穿黄马褂。人称"红顶商人"。

胡光墉,字雪岩,绩溪县湖里村人。早年家贫,至杭州阜康钱庄当学徒,后自己开钱庄,当老板。曾协助左宗棠与法国人联组"常捷军",创办福州船政局,为左宗棠办理采运事务,代借内外债1250多万两。凭借左宗棠的势力,胡光墉在全国广设当铺和银号,成为富甲江南的特大官商。又在杭州创办"胡庆余堂国药号",不惜重金聘请江南名医和著名药剂研制专家,精心配制了400多种中成药,使"胡庆余堂"同北京"同仁堂"一样,成为驰名中外的中药老店铺。后来在外国资本的冲击下,胡光墉破产。

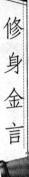

修身金言

【延伸阅读】

徽商的含义

从徽商形成和发展过程看,"徽商"的原始含义就是"徽州经商的人(们)"的意思,而后来的"徽商"一词在原始意义上有一定的扩展。狭义地看有三个方面含义:第一,它指徽籍(含新安郡、歙州籍,以下同)以商为业的人,包括老板、伙计和学徒;第二,它指徽籍商人所经营的商业;第三,在一些徽州商人有较大集中的地域内出现徽州商人的松散的组合后,"徽商"是这些组合的泛称。

【原文】

方格肃整①有尊严之仪,不为欺谩②半言③。即溽暑④头正帻⑤服,置足端坐移日⑥无少倾。侧面不连视⑦。

【译注】

①肃整:整饬;整治。②欺谩:犹欺诈。③半言:一言半语,很少的一两句话。④溽(rù)暑:泛指夏天潮湿闷热的气候。⑤帻(zé):古代的一种头巾。⑥移日:日影移动,表示时间很久。⑦连视:迎面直视。谓以非礼的态度看人。

这句话大意是:时常整治仪容,有尊严的仪态,从来不说一两句欺诈之言。即使潮湿闷热的夏天,也衣冠整齐,双脚并拢端坐很长时间也不倾斜。不迎面直瞪别人。

辑自吴子玉《大鄣山人集》(四库全书存目丛书本)。

【感悟】

《处士黄次公行状》记载,休宁商人黄显严谨修身,克己复礼,时刻注意修养身心,注重仪容言语,为子女做出表率。

【故事链接】

歙县商人张凤鸣，"居家不营治室宇，每事事从俭约笾素"，在他的带动下，其子弟"从事朴约，即不敢以侈美相奔趋"。

【延伸阅读】

《论语·颜渊》

颜渊问仁。子曰："克己复礼为仁。一日克己复礼，天下归仁焉。为仁由己，而由人乎哉?"颜渊曰："请问其目。"子曰："非礼勿视，非礼勿听，非礼勿言，非礼勿动。"颜渊曰："回虽不敏，请事斯语矣。"意思是：不符合礼教的话不能看，不符合礼教的东西不能听，不符合礼教的东西不能说，不符合礼教的事不能做。这是四个消极的规范，就是从眼睛、耳朵、嘴巴、身体方面严格管束自己，由外在规范，熏陶自己。

【原文】

禍从口出，病从口入，慎言语，节饮食，保身之要也，汝曹①其念之。

【译注】

①汝曹：汝，你；曹，辈、们、类；指你们。

这句话的意思是，因为灾祸往往因说话不谨慎而招致，病毒常常因饮食不注意而入侵，所以说话要小心谨慎，饮食要有节制，这些是保全身体的关键。

辑自同治八年修《大阜潘氏支谱》卷18。

【感悟】

王国维说："起居之不时，饮食之　无吊，侈于嗜欲，而啬于运动，此数者，致病之大源也。"意思是"起居不定时，饮食不节制，嗜好与欲望不控制，而且不喜欢运动，这些习惯是引起多种疾病的源头"。为了保全身体，我们还是要注意说话和饮食的度，否则过犹不及，会招来一些不必要的麻烦。

【故事链接】

潘氏迁苏之后，其发展重心由商海转入科场，但从一开始潘氏就深刻体验到科场仕途荆棘丛生，危机四伏。潘氏第一个进士奕隽，原来应该是第八名，因引见传呼时"迟误"，被读卷官参奏后降为附三甲末。此事让奕隽留下了"金阶步滑"（同治八年修《大阜潘氏支谱》卷19）的深刻体会。

【延伸阅读】

清徽商以身作则，给子弟做出好的榜样，这是无声的语言，是最有说服力的教育，在实践中取得了显著的教育效果。如歙县江璠自幼"从父贾里中"，深为其父"性至孝"的德行所感染，"乃挟资游江淮间，得方物，岁时致之二尊人及王母。游既久，囊中装益起，乃曰：'古人不以三公易一日养。与其博尺寸违亲而远游，孰若一菽一水，以昕夕承欢为之也。'"为能尽孝道之责，他毅然决然地放弃远出谋利的机会，"遂复贾里中"。（张海鹏、王廷元《明清徽商资料选》）

【原文】

能薄饮食，忍嗜欲，节衣服，与用事僮仆同苦乐。

【译注】

这句话的意思是，能够控制饮食，忍耐嗜好与欲望，和童仆同甘共苦。
辑自《歙县褒嘉里程氏世谱·寿文·奉贺致和程老先生六十荣寿序》。

【感悟】

徽商崇奉理学，理学中一些合理的理论，能约束人的行为，提炼人的修养，砥砺人的品格，特别是以"天理"为最高道德标准和行为准则的伦理观，规范了徽商的商业行为，涵养了徽商的道德精神，对于徽商早期的发展起到了一定的促进作用。

【故事链接】

徽商在创业之初，能遵从天理，他们大多能克勤克俭，谨身节用，体现了艰难的创业精神。正是这种勤俭节约、矢志不移的创业精神，使得徽商不断地从无到有、从小到大，一步步发展起来。

【延伸阅读】

朱子说："人的心中，如果天理能够得以保存，那么人欲就会得到控制；如果人欲跟天理相比占了上风，那么天理就被消灭了。"怎样才能做到寡欲？必须克服自己的私心。怎样才能克服自己的私心？朱熹主张尊崇"理"，要以理来节制自己的欲望，努力克制自己的耳目鼻口之欲。

【原文】

凡在外，弦楼歌馆之家，不可月底潜行。遇人逸兴酌杯，不可夜饮过度。此为少年老实。

【译注】

这句话的意思是，凡是经商在外，不能逛风月场合，不能夜出不归。即使遇到别人正在开怀畅饮，也不能在夜里过度饮酒。这才是老老实实的少年。

辑自程春宇《士商类要·明代驿站考》附录《为客十要》。

【感悟】

　　洁身自好，力戒嫖赌。商人外出经商，生活单调，手头又有钱财，如果心术　　不正、爱拈花惹草，很易误入歧途，因此，一定要戒除嫖赌、酗酒。

【故事链接】

　　综观历史上的徽州商人，有的先儒后贾，有的先贾后儒，有的亦儒亦贾。徽商为强化自己的儒商特色，还采取了多种手段，如广交文人学士、建书楼、兴文会、办诗社、蓄戏班、好书画等，这其中，尤以重视教育为先。徽州良好的商业信誉来自儒理学讲求仁、义、礼、智、信，强调以诚待人，"忠诚立质"。

【延伸阅读】

徽州商帮"强化宗谊"的群体意识

　　徽州商帮，有时也简称为徽商，是指明清时期徽州府所辖歙、黟、休宁、绩溪、祁门、婺源六县的商人集团。在中国十大商帮中，没有一个商帮能像徽商一样重视宗谊关系。宗族宗法力量之强为他邑不可比。徽州人于内强化宗族自身的力量，于外又有着乡里乡亲的挂念，群体意识极强，以至于遇事可"一人争之，一家争之，一族争之，并通国之人争之，不直不已"。这种力量是十分强大的。于是，徽州人外出经商，往往是结伙并力，诸如父子、兄弟、叔侄、族人、乡人等并力合伙经商。此外，徽商为强化宗谊还采取各种措施：一是建祠堂，强化宗族内部的宗族意识认同。二是广兴会馆、义庄和成立同乡会，强化乡里乡亲意识。这使徽商在商业经营和竞争中获得了诸多优势。

【原文】

　　凡见人博弈赌戏，宜远而不宜近。有人携妓作乐，不得随时打哄。此为才成君子。

【译注】

　　这句话的意思是，要远离妓院和赌场。凡是见到有人在博弈或赌博，应该离他们远一点,而不是近一点。凡是见到有人携妓作乐,也不能去凑热闹。这样才能成为君子。

辑自程春宇《士商类要·明代驿站考》附录《为客十要》。

【感悟】

路边的野花不要采,赌博、嗜酒、好色对于经商百害而无一益,它们会破坏人的心智,只要沾染上其中的一样,必遭损德亏名破荡家业之灾。因此,一定不能堕落其中。

【故事链接】

子曰:"君子有三戒:少之时,血气未定,戒之在色;及其壮也,血气方刚,戒之在斗;及其老也,血气既衰,戒之在得。"(《论语·季氏篇》)意思是:"君子有三种事情应引以为戒:年少的时候,精力不稳定,要戒除对女色的迷恋;中壮年时代,精力旺盛,要戒除与人争斗;等到老年,精力衰退,要戒除贪得无厌。"这"三戒"的目的都是为了延年益寿,可是真正能做到的又有几人?因而长寿之人难得。君子能做到这"三戒",因而君子一般能长寿。

【延伸阅读】

庄子曰:"人之所取畏者,衽席之上,饮食之间;而不知为之戒者,过也。"(《庄子·达生》)衽席,指色欲之事。这句话的意思是:"人所最该畏惧的,是在枕席之上,饮食之间;可是不知道要警戒,这是过错啊!""食色,性也。"(《孟子·告子上》)对于告子所说的这句话,大家都很熟悉。不错,食、色是人的本性,但是不要以之为借口而放纵自己的本性,否则,人跟禽兽还有什么区别呢?

二、斯文君子

【原文】

> 汝励志读书，勉力为人，凡遇善事力稍能为即为之，俟①有余而后济人②，嗟何及矣？

【译注】

①俟：等到。②济人：帮助别人。

这句话的意思是，你立志发奋读书，尽力做人，凡是遇到善事，只要是力所能及的，就应当立刻去做，等到有余力的时候再去帮助别人，哪还来得及呢？

辑自《孙君熙存墓志铭》。

【感悟】

这是黟县徽商孙熙存对儿子说的　名言：敦促其子行善行义。

【故事链接】

在宜、荆、溧三地洪水泛滥、居民流离失所、饥民遍野的时候，低价出售他的粮食救饥民于水火，于是引起难民的爱戴。

【延伸阅读】

"勿以善小而不为,勿以恶小而为之。"

"勿以善小而不为,勿以恶小而为之"与"莫以恶小而为之,莫以善小而不为。唯贤唯德,能服于人"。这是刘备去世前给其子刘禅的遗诏中的话,目的是劝勉他要进德修业,有所作为。好事要从小事做起,积小成大,也可成大事;坏事也要从小事开始防范,否则积少成多,也会坏了大事。所以,不要因为好事小而不做,更不能因为不好的事小而去做。小善积多了就成为利天下的大善,而小恶积多了则足以乱国家。这句话讲的是做人的道理,只要是善,即使是再小也要做;只要是恶,即使是再小也不能做。这句话值得让世人了解并铭记在心。

【原文】

> 读圣贤书,非徒学文章掇科名己也。

【译注】

这句话的意思是,读圣贤书,并不仅仅是为了学习字面意思,也不仅仅是为了通过科举博取功名。

辑自《婺源县志稿》。

【感悟】

这是清代婺源人程执中对其子弟所说的一句话,县志在记述程执中的这句话后,接着又写道:"故门下多端士。诸弟及其功子弟虽营商业者,亦有儒风。"(《婺源县志稿》)意思是,因此程执中的门下大多是品行端正的人。他的弟弟们和子弟们虽然经商,但是有儒者的风范。县志的记述中也表达了儒学可以为商业服务的意蕴,儒学对商业能起到促进的作用。可见,为商业发展提供知识背景亦是徽人重视教育的目的之一。

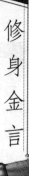

【故事链接】

　　相声语言大师侯宝林只上过三年小学,由于他勤奋好学,其艺术水平达到了炉火纯青的程度,成为有名的语言专家。有一次,他为了买到自己想买的一部明代笑话书《谑浪》,跑遍了北京城所有的旧书摊也未能如愿。后来,他得知北京图书馆有这部书,就决定把书抄回来。适值冬日,他顶着狂风,冒着大雪,一连十八天都跑到图书馆里去抄书,一部10多万字的书,终于被他抄录到手。

【延伸阅读】

　　北齐颜之推《颜氏家训·勉学》中有这样一句话:"读书学问,本欲开心明目,利于行耳。"开心指的是使心窍开通;明目指的是使眼睛明亮。这句话的意思是,通过读书或做事开通心窍,扩大视野,提高观察力,从而有利于行为处事。

【原文】

　　人不读书则鲜礼义以养其心,粗野成习,于坐作揖让之间手足无所措,甚至放僻邪侈[①]。为奸为盗者胥此也。

【译注】

　　①放僻邪侈:指肆意作恶。

　　一个人如果不读书,就很少能懂得礼义,也就不能运用礼义涵养内心,这样就会养成粗野的习惯,坐立揖让等举止就会显得手足无措而不合礼仪,甚至肆意作恶。为奸为盗的人都是不读书,不懂礼仪的人。

　　辑自《歙县仙源吴氏家谱·家规》。

【感悟】

　　徽商重视通过教育的熏陶而使子　弟"所以变化气质,讲明礼义,以成就为人之道"(《歙县仙源吴氏家谱》),通过读书改变子弟的气质,阐明礼义,让子弟懂得做人、做事的道理,成为能自觉履行封建纲常伦理的君子。

【故事链接】

郭沫若认为读书不要浅尝辄止。年轻人求知欲很旺盛,但是忍耐性不足。就拿读书来说,还没有翻开书的时候,常常有把整头牛都吞下去的气概;但是一遇到困难,很容易就会气馁放弃。于是浅尝偷巧的习惯油然而生,在未用自己脑力去求理解之前,或先读别人的评论而自圆其说,或仅读一书的序言就不继续读了。有的人更是以自己的一知半解而道听途说。这是我们年轻人最易传染的一种通病。

【延伸阅读】

南宋朱熹认为:"要读书,须先定其心,使之如止水,如明镜;暗镜如何照物!"(朱熹《朱子语类》卷 11)在读书之前必须先定下心来,使心如止水一样平静,使心如明镜一样明亮,这样才能读好书;如果在读书之前心没有定下来,就像黯淡的镜子无法照清事物一样,是无法好好读书的。平心静气是好好读书的前提条件,心情浮躁是不能好好读书的,特别是在急功近利、事务繁忙的时候更是难得静下心来好好读书。

【原文】

为学当修身养性,艺术为次。

【译注】

这句话的意思是,做学问应当修身养性,艺术要放在次要的位置。

辑自民国《黟县四志》卷 14,《杂志·文录·余光徽传》。

【感悟】

这句话强调了修身养性的重要性。

【故事链接】

书信教子的典型——汪青城

在这众多利用书信教子的明清徽商中,休宁商人汪青城堪为典型。据其子汪由敦的记述:"当不孝等幼时,府君多客游日,比府君里居,不孝等又多远游。"(清汪由敦《松泉集》卷19,《府君行述》)在这种父子总是长期不能谋面的客观条件限制下,书信成为汪青城远距离教子最主要的手段。他终身都与儿子保持密切的信件联系,以此向儿子传授为学、做人之道。在汪青城的灵活运用和长期坚持下,尺牍传教的方式在其家庭教育中发挥了极其显著的成效,其子汪由敦不仅长于学问,而且谦谨做人,成为封建社会受人称道的好官。汪青城借助书信克服阻碍,实行了其教子目标。

【延伸阅读】

以 身 作 则

明清徽商一般都教子有方,尤其值得称赞的是,在家教过程中,他们"正身率下",为子弟树立良好的榜样。对于身教的重要作用,汪青城有深刻的体会,认为"居乡当令后进有所则效",为此,他"生平律己甚严",通过修身培养高尚道德情操。青城追求完美品格,以礼义自律,"言动悉合矩度",一言一行都符合规矩、法度。他谨守孝悌之道,一到父母的讳辰,"虽客地必素服斋居竟日,岁时荐享拜墓,虽老未尝不躬亲也"。虽然在外地也会整日穿素服吃斋饭蜗居在家,即使是在年老的时候过节也必定亲自祭拜祖坟。"少尝依于外祖鲁戴公,舅祖业中落归故里,而外祖鲁留葬西湖。"他"岁往展墓瞻拜踟蹰,及家居时,或不孝等过钱塘,必命往省视",对外祖父也是如此孝顺。外祖父在世时,时常探望;去世后,时常祭拜。"事两世父友爱笃至,伯父长府君九年,白首相对怡怡无间,仲父母先卒,府君新相地营葬,抚兄妹有恩"。他躬行仁义之德,"性乐易坦白,不设城府,而临事一断以义";"御童仆严而有恩,因事教督,俾有所成就。即谢去,无不感激流涕者"。他善交端正名士,"与人交,谦和诚挚,有谋必为之尽,遇故人子意尤厚,所与游者多当代名公巨人。在毗陵时,若许侍御、青屿周侍郎、蓉湖陈舍人、椒峰胡山人、芊庄邵上舍子湘及方外湘雨禅师辈,数往还唱和,后与王吏部林、秦孝廉龙光尤为莫逆"。青城对封建礼义道德的严格遵循,为其子提供了具体而又真切的道德修养标准,这自然有助于儿子形成与其相似的品德。

【原文】

存仁之意当顾名思义也。

【译注】

存仁之意应当知道仁义的真正含义。

辑自嘉庆《黟县一志》卷15《艺文·国朝文·程君存斋传》。

【感悟】

心存仁义,不仅是要知道仁义这个 　去践行仁义。
范畴,而且是要理解它的内涵,更是要

【故事链接】

徽商程存斋教子继续自己的孝友之举,且告诫他们"存仁义之心当顾名思义也"、"以友爱勤俭为念"(嘉庆《黟县一志》卷15,《艺文·国朝文·程君存斋传》)。通过身教和言传的密切配合来突显兄弟友爱、家庭和睦的重要意义。

【延伸阅读】

对于仁义的解释与定位,最早应属老子。《道德经》:"上德无为(读卫),而无以为也;下德为之,而有以为也。上仁为之,而无以为(读卫)也;上义为之,而又以为(读卫)也。"

仁义,是儒家的重要伦理范畴。其本意为仁爱与正义。早在《礼记·曲礼上》就说:"道德仁义,非礼不成。"而战国时的孟子(孟轲)对此更是推重;此后汉儒董仲舒继承其说,将"仁义"作为传统道德的最高准则。宋代以后,由于理学家的阐发、推崇,"仁义"成为传统道德的别名,而且常与"道德"并称为"仁义道

德"，与"礼、智、信"合称为"五常"。

【原文】

> 家无樗蒲①、博奕等具，案头惟时花数瓶，旧书数种，以供清赏而已。

【译注】

①樗(chū)蒲：樗蒲是继六博戏之后，出现于汉末盛行于社的一种棋类游戏，从外国传入。博戏中用于掷采的投子最初是用樗木制成，故称樗蒲。又由于这种木制掷具系五枚一组，所以又叫五木之戏，或简称五木。

这句话的意思是，家里没有樗蒲、博奕(赌博)等用具，案头只有几个插着时下有的鲜花的花瓶，和多种旧书，以供闲暇时安静地欣赏罢了。

辑自张海鹏、王廷元《明清徽商资料选》。

【感悟】

刘禹锡说："斯是陋室，惟吾德馨。"(《陋室铭》)意思是说，这是一间简陋的屋子，只要我的品德高尚就不感到简陋了。为人要追求高雅的爱好，要培育高尚的道德情操。

【故事链接】

歙县商人吴嵩堂教子"一主于严"，在要求儿子们认真学习儒业知识的同时，他本人"时诵前人传，琅琅不遗一字"，一字不漏地朗诵前人的传记。其子吴绍溇对他的这一行为深表敬佩，自责道："不孝等虽终日报卷，犹逊其精熟，辄惭汗若无所容。"我们这些儿子们虽然整日手里捧着书，但是都没有父亲朗诵得那样精熟，实在是惭愧得无地自容。对其父竭力营造的清雅的家庭氛围，吴绍溇也流露出由衷的赞誉。通过以身作则，这些明清徽商让儿子们得到感染、激励和熏陶。

【延伸阅读】

　　身教的作用虽然直接、深刻、持久,但其影响有积极和消极之别,这主要取决于家长自身行为的良莠。为此,在处理日常生活各方面的事务时,明清徽商坚持"正人先正己",处处循规蹈矩,事事严格自律,在子弟面前保持光辉伟岸的形象。他们大多以自己的端正言行为子孙树立具体而又真切的修养标准,期望子孙形成与其相似的言行举止。

　　子曰:"其身正,不令而行;其身不正,虽令不从。"(《论语·子路》)意思是,统治者本身言行正当,即使不下命令,百姓也会跟着行动;统治者本身言行不正当,即使三令五申,百姓也不会听从。

【原文】

> 明门右族①未有不以作兴斯文②为急务。

【译注】

　　①明门右族:有声望的豪门,有声望的世族之家。②斯:此。文:礼乐制度。斯文:文人或文化。

　　这句话的意思是,在徽州有声望的豪门、世族之家没有不把斯文当做当务之急的事情来做的。

　　辑自周绍泉、赵亚光:《窦山公家议校注》。

【感悟】

　　孔子说:"文王既没,文不在兹乎?天之将丧斯文也,后死者不得与于斯文也。天之未丧斯文也,匡人其如予何!"(《论语·述而》)意思是:"周文王死了以后,周代的礼乐文化不都体现在我的身上吗?上天如果想要消灭这种文化,那我就不可能掌握这种文化了;上天如果不消灭这种文化,那么匡人又能把我怎么样呢?"孔子以传承礼乐制度为己任。我们虽然不能与圣人相比,但是也要学习礼乐制度,学习文化,为弘扬中国传统文化出一份力。

从社会原因来看,在儒家思想的支配下,徽人有着牢固的宗族制度和强烈的地域观念,徽州宗族为繁荣教育做出了很大的贡献。宗族统治力的强大是公认的,它的统治渗透到人们生活的方方面面。在徽州衡量一个宗族的地位有一个统一的标准,那就是该宗族所产生的各种人才的数量,尤其是进士人数。所谓"世之称望族者,累印绶若济济然,仕籍递登也,经明修性彬彬然"(祁门《倪氏族谱·序1》卷终《燮堂公传》),因而,有声望的豪门、世族之家都把斯文当做很重要的事情来做。

【故事链接】

徽商"四元宝"

《扬州画舫录》载:"黄氏本徽州歙县潭渡人,寓居扬州,兄弟四人,以盐荚起家,俗有'四元宝'之称。"这"四元宝"便是黄晟、黄履暹、黄履灵、黄履昂四兄弟。

黄晟,字东曙,号晓蜂。家有"易园",刻有《太平广记》、《三才图会)诸书。

黄履暹,字仲升,号星宇。曾延请名医叶天士到家中,与王晋之、杨天池、黄瑞云诸人探研医学,开"青芝堂"药铺,刻《圣济录》,又为叶天士刻《叶氏指南》。扬州著名胜地"四桥烟雨"、"水云胜概"便是他的别墅。

黄履灵,字昆华。他将北京的官邸捐作歙县会馆,又在歙县梅渡、草墟购田,用以救济族中穷人。

黄履昂,字中荷。家有"别园",曾出资将扬州木质虹桥改建为石桥。

【延伸阅读】

徽商的经营手段

徽商的经营手段同"以儒道经营"的理念紧密结合。如讲究货真价实,取信消费者,多多售出自己的商品。薄利促进多销,利润自然滚滚而来。在店堂的布置上,讲究儒雅之气,给顾客一个美好的消费环境。如屯溪程德馨酱园,金字牌匾悬于门楼之上,吴县书法家汪胪甲写的两块青龙牌"梅葛遗制"、"浓泛药香"立于店堂两侧,货架上配上梅、兰、竹、菊字画,并在瓷都景德镇定制统一绘有人物的乳白瓷缸,盛放酱菜,整个店堂显得雅致美观。

信息就是金钱,这是现代的概念。但早在四百年前,徽商就已经懂得了其中道理。万历《休宁县志》记载徽商"视时丰歉以计屈伸",指的就是抓市场信息。明代歙商阮弼从事染色纸的经营,见消费者喜欢彩色纸,于是自己开染坊,把彩色纸的生意做到全国各地,获得高额利润。明末的图书市场崇尚丛书,市民爱读戏曲小说和插图的书籍。于是徽州书商便大量刊刻丛书、戏曲小说和在书籍中大量刊刻插图,增加读者阅读兴趣与理解,引诱读者购买。明末的刻书出版业,由于徽商掌握了市场信息,最终导致徽版图书压倒了杭州、苏州、金陵等出版业较为发达地区的书籍,在全国书籍市场上执出版业牛耳。

徽商还十分注意商品的宣传推销。明万历十七年(1581年)至万历四十六年(1618年),墨商方于鲁刻《墨谱》、程大约刻《墨苑》、潘氏如韦馆刻《潘氏墨谱》、方瑞生刻《墨海》等。到了清代,又有曹素功的《墨林》、汪近圣的《墨薮》。他们在自己所刻的书中,不仅以文图并茂的形式介绍自己的产品,同时还收录了大量的名人题赞,扩大产品影响,打开销路。

【原文】

> 待同夥尤加意,月饩①从厚,有过失不骤加面斥,从容劝导之,故同夥皆感激而乐为之用。择正人与订交,相对无疾言遽色②,和蔼近人,故人亦敬爱之,而争忤之隙不开。其持躬处世,盖有士君子之风焉。

【译注】

①饩(xì):古代祭祀或馈赠用的活牲畜;赠送人的粮食或饲料;赠送食物。
②疾言遽色(jíyánjùsè):言语神色粗暴急躁,形容对人发怒时说话的神情。

这句话的意思是,对待同伙更加有意气,每月都赠送很多东西,同伙有了过失也不骤然当面进行训斥,而是慢慢地进行劝导,因此同伙都很感激他,乐意为他所用。选择正直的人,与之进行交往,相处的时候言语神色也不粗暴急躁,和蔼、平易近人,因此人人都敬爱他,互相没有争论嫌隙。他处世的方法大概有士人、君子的风范。

辑自《詹氏宗谱》卷首二。

【感悟】

"心平气和四字,非有涵养者不能做。涵养久,则喜怒哀乐发自中节。"第一个涵养指能控制情绪的功夫、修养。第二个涵养指通过修身养性而使自己具有涵养。中节指谓守节秉义,中正不变,符合"中庸"的意旨。这句话的意思是:"心平气和这四个字,只有有涵养的人才能够做到。只有常久修身养性,才能使自己的喜怒哀乐发作出来后符合中庸。"有涵养的人能够控制自己的情绪;经过日积月累的修身养性才能使自己成为有涵养的人。因而,无论何时何地每个人都要注意修身养性。

【故事链接】

平易近人的来历

西周初,周公旦的儿子伯禽封于鲁,太公望(姜子牙)封于齐,周公仍在朝摄政辅佐周成王。三年后,伯禽入朝向周公汇报政务,周公说:"为什么来得这么晚?"伯禽说:"我变革礼俗,费力不小。比如服丧,必得服满三年方得去除。"而太公到齐之后,五个月就去汇报政务,周公说:"为什么来得这么快?"太公说:"我大大简化了君臣礼仪,一切依从通俗简易。"太公后来听说了伯禽汇报政事的情况,长叹说:"鲁国后世必定会北面臣服于齐国。政治如果不简要平易,民众就不愿意接近。平易近民,民众才会归附。"所以"平易近民"本指政治的通俗简易。可是到了唐朝,为避唐太宗李世民讳,凡言"民"处皆改为"人",此语也不例外。如白居易《策林》十二引用这句话时就改成了"平易近人"。这样一改,意思也就变了,从指政治变为指为人处世的态度,有时也指文章风格浅显易懂。

【延伸阅读】

徽商讲究商德

徽商是一支贾儒结合型的商帮,"虽为贾者,咸近士风",因此比较更讲究商德修养。一般说来,可以用"以诚待人"、"以信接物"、"以义为利"这十二个字来概括徽商的商德。徽商讲究商德的具体表现在以下几个方面:

一是"货真"。做买卖,以次充好,以假充真,这是对消费者极不负责的奸商行为。徽商坚决反对这样做。《太函集》中说:汪处士出门做生意,与子弟约法三章,"毋以苦杂良",即不要搞商业掺假这一套。《大泌山房集》载:明歙西富源人胡仁之,在江西南丰经商的时候正好遇到饥荒,一斗米要卖千钱,同伙人请他掺杂,他坚持不同意。

二是"价实"。历代都把"口不二价"视为经商者之美德。根据《新安歙北许氏东支世谱》记载,歙商许文才"贸迁货居,市不二价"。根据《婺源县志》载,商人黄龙孙"贸易无二价,不求赢;余,取给朝夕而已"。

三是"量足"。市场计量,缺尺少寸,克扣斤两,是要受到广大消费者谴责的。徽商深知这一点,自觉地以量足为美德。《休宁率东程氏家谱》载:明代休宁商人程莹,游贾他乡,"出纳平准之宜……不舞智以笼人,不专利以取怨"。《丰南志》中亦载:明歙人吴一新业鹾浙中,"宁奉法而折阅,不饰智以求;赢"。《许文穆公集》载:明歙人许文穆(即许国)"尝与他贾市米,岁计倍赢,公竟谢去"。有人问他为什么要谢去,许国说:"夫出入不同量,以是为利,虽什百非我愿也。"

四是"守信"。讲究信用,即遵守诺言,实践成约,以取得顾客的信任。徽商就是这样做的。歙商吴南坡说:"人宁贸诈,吾宁贸信,终不以五尺童子而饰价为期。"《醉醒石》第四回中讲到:徽州婺源县木商程翁,"做人朴实,与人说话,应允不移。如与人相约巳刻,决不到午刻。应人一百两,决不九十九两"。

三、希圣超凡

【原文】

我新安为朱子桑梓①之邦,则宜读朱子②之书,服朱子之教,秉朱子之礼,以邹鲁③之风自持,而以朱子之风传子若孙也。

【译注】

①桑梓:古代,人们喜欢在住宅周围栽植桑树和梓树,后来人们就用物代处所,用"桑梓"代称家乡。②朱子:即朱熹(1130—1200),南宋思想家。字元晦,号晦庵,徽州婺源(今属江西)人。朱熹为北宋以来理学之集大成者,被尊为古代理学正宗,他是中国封建社会后期影响最大的思想家,后人将他视为儒学宗师。③邹鲁:邹城古代叫邹县,春秋时期曹姓邾国后改名邹国,在这片大地上诞生了孔丘、孟轲、王叔和等人,儒家学派起于此地,习惯上称邹县为孔孟桑梓之地。

这句话的大意是:徽州为朱熹的家乡,就应该读朱熹的书,服从朱熹的教导,秉承朱熹的理学,以孔孟儒学精神要求自己,用朱熹的遗风传教子孙后代。

辑自休宁《茗洲吴氏家典》卷首序(雍正刻本)。

【感悟】

徽商在经营活动中同样遵循以义制利、诚信经商的商业道德准则。徽州是著名的思想家、理学集大成者朱熹的故乡,徽商以朱熹的理学思想为其文化内核。

【故事链接】

　　徽州巨富胡贯三为自己定下"以善为本"、"以和为贵"、"以德为基"的十二字准则。在其经营过程中严格遵守"以诚待人"、"以信处事"、"以义取利"的商德,故其生意越做越大,成为江南首富之一,在其致富后,不忘造福乡里,恤灾扶困,修桥补路,修建书院。他乐善好施的故事至今仍为人们所称道。

【延伸阅读】

　　在商业交往中,徽商形成了以诚待人,以信服人;薄利竞争,甘为廉贾;宁可失利,不可失义;注重质量,提高信誉的商业道德。

【原文】

> 自朱子以后,多明义理之学。

【译注】

　　这句话的意思是,自从徽州出了朱子,徽州人大多明白义理之学。
　　辑自乾隆《绩溪县志·风俗》。

【感悟】

　　徽州是理学的故乡,被称之为"程朱阙里"和"东南邹鲁"。朱子理学在明清时期被定为官方哲学。徽州乃朱熹的故乡,因而朱子理学对徽州的影响尤为深远。

【故事链接】

　　义理,普遍皆宜的道理或讲求经义、探求名理的学问。《礼记·礼器》曰:"义理,礼之文也。"汉代指经义名理。《汉书·刘歆传》曰:"及歆治《左氏》……

由是章句,义理备焉。"宋代后,称讲求儒家经义、探究名理的学问为"义理之学"。

【延伸阅读】

理学是中国思想史上曾起过重大影响的学派,徽州为"程朱桑梓之邦",宋代理学的奠基人程颢、程颐及理学集大成者朱熹,祖籍均为徽州,且在新安的传播和影响尤为深远,世称"新安理学"。朱熹提倡读书,认为穷理之要,必在读书,促进了徽州读书好学风气。缙绅之家往往自编教材,由父兄率子弟诵读。理学家对理欲、心物、义理、天人等概念的意义、关系的追问和逻辑论证,提升了徽州文化的理性思维,培养了深厚的理性主义传统。新安理学家恪守朱熹的义利之辨,强调"天理为义,人欲为利",颂扬"正其义不谋其利,明其道不计其功"思想,学子以之为书院之规,士夫以之为立身处事的教条。徽州商人"贾而好儒",以"仁义礼智信"作为商业伦理。宋元明三代,徽州出了不少民族志士,表现了坚贞不屈的气节,也与朱熹的新安理学分不开。

【原文】

朱子之学行天下,而讲之(天理)熟,说之详,守之固,则惟新安之士为然。

【译注】

这句话的意思是,虽然朱子之学流行于天下,但是讲述得最熟练、叙述得最详细、守卫得最坚固的只有徽州人。

辑自道光《休宁县志·艺文》。

【感悟】

正是因为徽州人注重对朱子之学的讲述、叙述、坚守,所以朱子之学的精神才能深入徽州人的骨髓,对徽商的经商、处世等具体行为产生巨大影响。

【故事链接】

　　崇文重教是休宁县万安镇的文化传统。万安老街是著名教育家陶行知母亲的家乡,陶行知童年的许多时光都是在那里度过的。徽州人崇文重教的传统由来已久,特别是在明清时代。这大概与理学的影响和当时徽商在整个中国商界的崛起有很大的关系。遍布徽州各地的书院与私塾成为一道风景。这里盛产徽墨、歙砚与宣纸,"文房四宝"徽州占了三项。从康熙三十年至光绪六年的100多年间,休宁县共出了14名状元,这一状况举国都很罕见。万安昔日一直是徽州的文化重镇,如今在老街边就是拥有90年校龄的休宁中学,其规模之大超过徽州地区所有中学。

【延伸阅读】

徽州文化包括的内容

　　徽州文化的主要内容有:徽州土地制度、徽商、徽州宗族、徽州历史名人、徽州教育、徽州科技、新安理学、新安医学、徽派朴学、徽州戏曲、新安画派、徽派篆刻、徽派版画、徽州工艺、徽州刻书、徽州文献、徽州文书、徽派建筑、徽州村落、徽州民俗、徽州方言、徽菜、徽州宗教、徽州地理、徽州动植物资源等。涉及徽州经济、社会、教育、学术、文学、艺术、工艺、建筑、医学等诸学科,凡与徽州社会历史发展有关的内容,都属徽州文化范畴,通常用"物质文明和精神文明的总和"来加以概括。

【原文】

> 凡六经传注,非经朱子论定者,父兄不以为教,子弟不以为学也。

【译注】

　　①六经:指六部儒家经典。始见于《庄子·天运篇》,是指经过孔子整理而传授的六部先秦古籍,分别为:《诗经》、《尚书》、《仪礼》、《乐经》、《周易》、《春

修身金言

秋》。其中《乐经》已失传，所以通常称"五经"。《礼经》汉代是指《仪礼》，宋以后《五经》中的《礼经》一般是指《礼记》）。礼指《大礼》、《小礼》，后失传其一，并更名《礼记》。

这句话的意思是，凡是六经的传注，不是经过朱子论证、下定论的，父亲、兄长不会拿它来教儿子或弟弟，儿子或弟弟也不会去学那些没有经过朱子论定的六经传注。

辑自道光《休宁县志·艺文》。

【感悟】

徽州人将朱子奉若神明，将其言论视为金科玉律。朱子理学在很长一段时间内影响到徽州人的行为方向和价值走向，许多徽商就是笃信朱子理学的。

【故事链接】

朱熹对明朝科举考试的影响，内容以程朱学派的注释为准。历代解经之作很多，科举考试只用程朱一派。《周易》依程传朱学本义，《尚书》依朱熹学生蔡沈传，《诗经》依朱熹《诗集传》，《春秋》依胡安国传，而以《左传》为本事，《礼记》依陈澔集传，《四书》依朱熹集注。考生行文命意，必须就题阐释，依注作解，不得擅自生发，独出新论，毫无独立思考的余地。八股文还要求代圣人立言。如题目是孔子、曾子、子思、孟子及其门人的话，必须模拟语意，即使是阳虎、荷蓧丈人、齐人妻妾等各类人物，也要设身处地，肖其口吻。只有记事题和连章题。

【延伸阅读】

现存于歙县解放街十字路口上的"大学士牌坊"，是为了纪念许国而于明万历十二年（1584年）修建的。据《歙县志》载："许国，歙县人，于嘉靖四十四年（1565年）考中进士，而步入仕途，万历十一年（1583年）以礼部尚书兼东阁大学士入内阁赞机务，旋加封太子太保。"可见，他是一位"学而优则仕"，并仕途畅达的成功人士。在他的这座石牌坊上雕满了富有暗寓的图案：南刻"巨龙腾飞"，寓皇帝南面而王和许对朝廷的忠诚；北刻"瑞鹤翔云"，寓天下太平和许超尘脱俗的高洁品格；东面雕有"鱼跃龙门"，寓意许是通过科举，凭文才登上仕途；西面雕有"威凤祥麟"，寓难得的贤才出现于盛世。石坊除雕刻大量形象化的浮雕以外，四面还分别镌刻题签加以说明：南北两面的顶层和侧面的第三层正中镶嵌着双龙盘边的匾额,上面直书"恩荣"两字,底层四面的额坊上分别镌刻着"大学士"三个字,前后两面的小坊上署有"少保兼太子太保礼部尚书武英殿大学士许国"全副头衔;第二层坊上各为"先学后臣","上台元老"斗大楷书刻字,可谓做足了官样文章。这实际上是一座"科举取仕"的纪念碑,象征着官本位的传统社会中科举入仕的崇高地位和为家庭带来的无上荣誉。

【原文】

居尝精研理学,欲希圣超凡。

【译注】

这句话讲的是徽商汪谼尽心研究理学,希望能够成为超凡脱俗的圣人。

辑自康熙《休宁县志》卷6。

【感悟】

刘向说:"骐骥虽疾,不遇伯乐不致千里;干将虽利,非人力不能自断;乌号之弓虽良,不得排檠不能身任;人才虽高,不务学问,不能致圣。"(刘向《说苑·建本》)骐骥,古代良马名。干将,古代宝剑名。相传为春秋时吴人干将所铸造。乌号,古代良弓名。排檠(qíng),矫正弓弩的器具。整句话的意思是:"骐骥虽然跑得很快,但是不遇上伯乐是不能达到千里的;干将虽然锋利,没有人的力量是不能自己斩断东西的;乌号虽然是良弓,但是没有排檠,是不能自行矫正的;人的才华虽然很高,但是不致力于学问,是不能成为圣人的。"人的最高理想莫过于成为圣人,要想成为圣人,就要修身养性,而修身养性的重要一环就是"学问"。

【故事链接】

在朱熹的伦理观里,"天理"是高于一切的道德标准,他认为"夫天下之事,莫不有理,为君臣者有君臣之理,为父子者有父子之理,为夫妇、为兄弟、为朋友,以至于出入起居、应事接物之际,亦莫不各有理焉"(宋黎靖德:《朱子语类》)。认为"天理人欲常相对","人只有一个天理人欲。此胜则彼退,彼胜则此退,无中立不进退之理。凡人不进便退也"(宋黎靖德:《朱子语类》)。要想作为"圣人",必须"存天理,灭人欲"。"圣人千言万语,只是教人明天理,灭人欲"(宋黎靖德:《朱子语类》)。朱熹的这种抑制人欲、恪守天理的思想对徽商产生了潜移默化的影响,许多徽商遵守天理,以天理为其重要的指导思想。

【延伸阅读】

朱子曰:"某十数岁时读孟子,言圣人与我同类者,喜不可言,以为圣人亦易做,今方觉难做。"(朱熹《朱子语类》卷一零四)意思是:"我十多岁的时候读《孟子》,看到上面说圣人与我们是同类的人,我的喜悦无法用言语来表达,以为很容易就能够成为圣人,直到今天才知道并不是那么一回事,一般人很难成为圣人。"这是朱熹对"圣人难做"的感叹,因而在他的著述及语录当中,他时常强调要读书、要格物致知。

【原文】

居平耳提面命①其子孙曰:"吾有生以来惟膺服天理二字,五常②万善莫不由之。"……因名其堂③曰"居理"。

【译注】

①耳提面命:对着耳朵说,当着面命令,表示教诲的殷勤恳切;多形容恳切地教导。②五常:指"仁、义、礼、智、信"。③堂:正房,高大的房子。

整句话的意思是,徽商胡仁之在家闲居时经常恳切地教导子孙:我有生以来只服膺天理这两个字,"仁、义、礼、智、信"与万善都是从天理那里得出的。因此而将正房的名字取为"居理"。

辑自李维桢《大泌山房集》。

【感悟】

徽商胡仁之服膺天理,对天理达到了痴迷的程度。

【故事链接】

"若颜子方能三月不违仁,天理纯然,无一毫私伪间杂,夫子所以独称之。"(宋朱熹《朱子语类》卷31)意思是:"像颜回那样才能做到三月不违背仁义,他的心中只有纯粹的天理,没有一丝一毫的自私与虚伪夹杂在心间,孔子是因为这个才单独称赞他。"心中拥有天理才能成为仁者。

【延伸阅读】

儒家把天理看作本然之性。程朱理学将"天理"引申为"天理之性",是"仁、义、礼、智"的总和,即封建的伦理纲常。他们还把"天理"与"人欲"相对立,成为一种禁欲主义的压抑人性的主张。

【原文】

> 余每笑儒者龌龊①,不善治生②,一旦握符③,莫如纵横。习儒旁通于贾,异日为政,计然④桑孔⑤之筹,岂顾问⑥哉?

【译注】

①龌龊(wò chuò):肮脏,污秽;品德行为卑劣、卑鄙龌龊;气量狭隘,拘于小节。②治生:谋生计,经营家业。③握符:指帝位。④计然:姓辛氏,又作计倪、计研、计砚,字文子,号称渔父。春秋时蔡丘濮上(今河南滑县)人,博学无所不通,尤善计算。对治理国家的策略极有研究,善于从经济学的角度来谈论治国方略。⑤桑孔:汉代著名理财家桑弘羊与孔仅的并称。⑥顾问:这里指供帝王咨询的侍从之臣。

这句话的意思是,我以前经常取笑儒者拘于小节,不擅于谋生计,如果要做选择的话,还不如经商。其实习儒与经商有相通之处,改日从政,计然、桑弘羊与孔仅的筹谋,难道只是顾问吗?

辑自民国吴吉祐《丰南志》。

【感悟】

这是吴黄谷说的一句话。一般的经商只是一个人经商,是为自己一家经商;而精通儒学的人如果也懂得经商的话,那么他就不是一个人经商,也不是为自己一家经商,而是为君主经商,为天下苍生经商。

【故事链接】

计然之策,泛指生财致富之道。相传越王勾践困于会稽之上,用计然之策,修之十年而国富;范蠡既雪会稽之耻,又用计然之策于家而富至巨万。

【延伸阅读】

计然十八策

生意要勤紧,懒惰则百事废。接纳要温和,躁暴则交易少。议价要订明,含糊则争执多。账目要稽查,懒怠则资本滞。货物要整理,散漫则必废残。出纳要谨慎,大意则错漏多。期银要约定,延迟则信用失。临事要责任,放弃则受害大。用度要节俭,奢侈则用途竭。买卖要随时,挨延则机会失。赊欠要识人,滥出则血本亏。优劣要分清,苟且则必糊涂。用人要方正,诡谲则受其累。货物要面验,滥收则售价低。钱账要清楚,糊涂则弊窦生。主心要镇定,妄作则误事多。

【原文】

> 象山①之学以洽生为先。

【译注】

①象山:南宋陆九渊(1139—1193),他曾结茅讲学于今江西贵溪象山,故学

者称其为象山先生。

象山的学问强调把谋生计放在优先的位置。

辑自歙县《竦塘黄氏宗谱》卷5,《明故金竺黄氏崇德公行状》。

【感悟】

这是歙县竦唐人黄崇德父亲对他说的一句话。黄崇德一开始有志于科举之路,他的父亲劝他要以谋生计为重,即使是象山先生也是这样。后来,黄崇德听信父亲的劝告,明白父亲的良苦用心,带着资本经商,最终成为富商大贾。俗话说,三百六十行,行行出状元,无论从事什么行业,只要肯努力,不怕苦,不怕累,终究都会有成就。

【故事链接】

徽州人不以服贾为耻、反以为荣的现象,在家训中也有体现,这是对子弟经商的鼓励和支持。凌世明(明歙县人)问其父:"四民之中,士农工贾,士固不能,工非所习,儿欲以农兼贾积赢余以备凶荒之岁,可乎?"父曰:"尔行尔志,可也。"(清凌应秋辑《沙溪集略》卷4)服贾作用日益明显,贾儒之间的鸿沟逐渐缩小,使得徽商发出了"贾何负于耕"(新安歙北许氏东支世谱)、"良贾何负闳儒"(汪道昆《太函集》)的呐喊。反应出明清时期,商业作用日益明显,商业日益受到社会认可,商人要求改变被歧视状况的呼声越来越强烈。

【延伸阅读】

陆王心学

陆王心学主要强调人的本心作为道德主体,自身决定道德法则和伦理规范,使道德实践的主体性原则凸现出来。心学,作为儒学的一门学派,最早可推溯自孟子,而北宋程灏开其端,南宋陆九渊则大启其门径,而与朱熹的理学分庭抗礼。至明朝,由王守仁(号阳明,下文王阳明即此人)首度提出"心学"两字,并提出心学的宗旨在于"致良知",至此心学开始有清晰而独立的学术脉络。

修身金言

【原文】

年过四十，心犹不死。

【译注】

这句话的意思是，年龄已经四十岁，但是对儒业还不死心、不放弃。

辑自清昭梿《啸亭杂录》卷9。

【感悟】

孔子说："吾十有五而志于学，三十而立，四十而不惑，五十而知天命，六十而耳顺，七十而从心所欲，不逾矩。"（《论语·为政》）所谓"四十而不惑"，指人到了四十岁，应该业有所成，不会因为无业而所困惑，对人生或者事业应该有一定的把握和理解。反之，如果到了四十岁还疑惑，还没有建树的话，那么这一生就算是没有大的希望了。但是清代程晋芳年过四十，还对儒学有所期望，可谓情有独钟。

【故事链接】

徽商虽然乐于服贾，善于服贾，其中大多为生计所迫，不得不弃儒服贾，在内心深处，业儒才是其终极目的和归属。在"官本位"的封建社会，徽州人在服贾和业儒上表现了较大的矛盾性。许多人先贾后儒。有不少徽商致富后，仍不改孜孜业儒之心。如康熙年间休宁商人汪淳涉足商界已十余年，后"复习举子业"，一举登第，授中书舍人（康熙《休宁县志》卷6）。清代程晋芳，业盐于淮，惛惛好儒，购书五万多卷，后去贾服儒，屡试不售，年过四十，心犹不死，终于举为进士（清昭梿《啸亭杂录》卷9）。江登云，清康熙时人，十六岁随兄外出经商，后弃儒业，入武庠，"连第进士，膺殿廷选、侍直禁卫"（民国吴吉祜《丰南志》）。

【延伸阅读】

王致和臭豆腐

北京王致和食品集团有限公司是一家以生产酿造调味品为主的科工贸一体化、跨行业经营的集团公司。相传清康熙八年(1669年)安徽太平县仙源人王致和以举人身份进京赶考,屡试不中,为谋生路,在京城做起豆腐生意。

一次,豆腐没卖完,时至盛夏,便切成小块,配上花椒等佐料腌上。到秋后打开缸盖,豆腐变成豆青色,臭气扑鼻,一尝却别有风味,送邻居尝后无不称奇,一时名扬京城。后传入宫中,备受慈禧赞赏,御赐名"青方",成为清宫御膳。

王致和臭豆腐是以优质黄豆为原料,经过泡豆、磨浆、滤浆、点卤、前发酵、腌制、后发酵等多道工序制成。其中腌制是关键,撒盐和作料的多少将直接影响臭豆腐的质量。盐多了,豆腐不臭;盐少了,豆腐则过臭。王致和臭豆腐"臭"中有奇香,一种产生蛋白酶的霉菌,分解了蛋白质,形成了极丰富的氨基酸,味道非常鲜美。臭味主要是蛋白质在分解过程中产生了硫化氢气体所造成的。另外,因腌制时用的是苦浆水、凉水、盐水,又形成了豆腐块呈豆青色。

【原文】

> 吾家世承商贾,吾子能以诗起家,得从士游幸矣,商之不利何足道耶!

【译注】

这句话的意思是,我们家族世世代代都是商人,我的儿子能够以诗振兴家族,能够与儒士一起游学真是太幸运了,经商没有盈利是微不足道的啊!

辑自歙县《泽富王氏宗谱》卷4。

【感悟】

这句话讲的是明代歙县商人王廷 宾在吴、越、齐、鲁之间经商,他性格聪慧、敏捷,喜欢吟咏,使人大多喜欢与他交友,而他也因为诗而名声在外。有人对他的母亲说,不能同时做成两项事业,现在你的儿子沉迷于吟咏,恐怕会不利于经商。他的母亲不仅不担心,反而因为他对吟咏感兴趣而感到高兴。

子曰:"不学诗,无以言。"(《论语·季氏》)"不学礼,无以立。"(《论语·季氏》)他是说,"不学诗,就不懂得怎么说话。""不学礼就不懂得怎样立身"。

从明代中叶开始,徽商和当时的文学家们就有非常密切的交往。在一般情形下,徽商"贾而好儒",是为了得到文士们的肯定,以获得精神上、心理上的满足;同时,他们广结文士名流,也能够提高自己的社会地位,在经商过程中获得更有力的支持。

【故事链接】

明徽商方勉柔,从小读书,因为家计艰难,不得不到开封经商。当生意做得很大以后,他就"谢去游闲,专精化居,所接者皆端人正士,虽贵倨如周蕃及诸戚畹,亦且折节下交,争相引重"(《方氏会宗统谱》卷19,《坤斋方君传》)。明代休宁商人陈尤德"长嗜学古,博通群书。性孝友,然意气自豪。家世素封,善交游,海内名流恒欲得而交之,故座客常满,樽酒不空,有北海之遗风焉"(休宁《陈氏宗谱》卷3)。

这些传记资料充分说明了徽商与文士们密切交往的事实。

【延伸阅读】

谢裕大茶行

谢裕大茶行,为徽州六大茶庄之首,创于1875年。百余年的风云变幻中,它记载了一代徽商的传奇历程,更见证了黄山毛峰的名动全国。谢正安,谢裕大茶行的创始人。当年,为了进军大上海,他亲自带领家人到充头源茶园选采肥壮芽茶原料,经过精心的制作,形成别具风格的新茶。由于"白毫披身,芽尖似峰",又因产自黄山,故命名为"黄山毛峰"。因数量极少,先运到上海新挂牌的谢裕大茶行,轰动了整个上海滩,成为各界名流竞相追逐的珍品,现在的上海漕溪路,就是因谢裕大茶行的原址在此而命名的。之后,谢裕大茶行迅速走向全国,"黄山毛峰"也开始成为极品好茶的代表之一。故此,谢裕大茶行被世人称为"黄山毛峰第一家"。

【原文】

虽终日做买卖，不害其为圣为贤。

【译注】

这句话的意思是，虽然整天地在经商，但是并不妨碍他成为圣人和贤人。

辑自王阳明《传习录拾遗》第十四条。

【感悟】

孟子曰："人皆可以为尧舜。"（《孟子·告子下》）尧舜是传说中的上古两位圣君，此处指圣人、贤人。这是植根于"性善论"而鼓励人人向善，个个都可以有所作为，个个都能成为像尧舜那样的贤人、圣人。商人也不例外，只要注重修身养性，也能够成为圣人和贤人。

【故事链接】

圣人：是指被大众认为具有特别美德和神圣的人。中国传统文化的定义，严格来说，"圣人"指知行完备、至善之人，是有限世界中的无限存在。总的来说，"才德全尽谓之圣人"。这个词语最初出于儒家对"止于至善"的人格追求，所以圣人的原意，是专门指向儒家的。但后来的诸子百家，乃至古今各种宗教、学派，也都有自己认定的圣人，但儒家认定的尧舜禹等圣人受到诸子百家的公认。

贤人：是指有才有德的人，所爱好、厌恶的情感与人民完全相同，想要选择与舍弃的事物与人民完全一致。行事完全顺应天道、地道、人道客观规律，处理问题能够标本兼治，尤其注意从根本上解决。所说的话能够作为天下人的行为准则，按照他说的话去做就能成功。身为平民时有志向、有抱负，希望能够身居高位为人民造福，成为王侯将相时也不积攒财物。这样的人，就可以称作贤人。

【延伸阅读】

商人和文人的关系

商人和文人有着必然的互相利用的关系。商人从和文人的交往中获得精神满足，或者提升社会地位，从而获取更大的商业利润；商人的银子，又是文人们获得充足笔资的来源。但文人对于商人有利用,在经常的交往中也逐渐对商人以及商人的社会作用有了新的认识和理解,并给予理性的肯定。

在王阳明看来,职业无贵贱之分,即使作商人,只要善于修身养性,也能够成为圣贤之人,这一认识,客观上提高了商人的地位。

四、天 性 好 儒

【原文】

生平孝友,儒雅喜吟,数以佳辰结客觞①咏竟日,其志不在贾也。

【译注】

①觞(shāng):古代喝酒用的器物。

生平广交朋友,儒雅喜欢吟诗作赋,经常正值佳辰美景的时候从早到晚与文人骚客饮酒吟诗,志向不在经商上。

辑自《许文穆公集》卷7,《竹古先生像祠记》。

【感悟】

这讲的是歙县商人许文林具有儒者的气质。徽商中不少人是"弃儒归贾"的,从贾之前就熟读诗书,精通翰墨,从贾之后,仍然好学不倦,诗书相伴,也就不足为奇了。加上徽州号称"东南邹鲁",儒风独茂,"虽十家村落,亦有讽诵之声"(光绪《婺源乡土志·婺源风貌》),户诵家弦,喜好读书,已蔚为风气,所以即使身在商海,而经商之余,旅途之中,孜孜读书的现象亦十分普遍。

【故事链接】

"书卷多情似故人,晨昏忧乐每相亲。眼前直下三千字,胸次全无一点尘。"(明于谦《于肃愍公集·观书》)其意思是:"书卷好比我多情的老朋友,每日从早到晚和我形影相随、愁苦与共。我如饥似渴地读书，一眼扫过三千字（夸张，非确切的数字），读书非常多非常快。我胸无杂念，专心致志，沉迷于书卷之中。"诗的首联用拟人手法，将书卷比作多情的老朋友，形象地表明诗人读书不倦、乐在其中。颔联用夸张、比喻手法写诗人读书的情态，使诗人专心致志、读书入迷的情态跃然纸上，也道出了一种读书方法。

【延伸阅读】

张一元茶庄

张一元是张一元茶庄的品牌名。最早张一元茶庄的创始人姓张，名昌翼，字文卿，徽州歙县定潭村人。年轻时来京，在崇文门外瓷器口荣泰茶庄学徒。之后另立门户，在花市摆茶叶摊，买卖很好。1900年在花市开办了第一家店，取名"张玉元"，"玉"在古汉语里也有茶的意思，"元"在汉语里是第一的意思。1906年在前门大栅栏观音寺开设了第二家店，取名"张一元"，比"张玉元"更好记、更有寓意。"张一元"取"一"和"元"两个首位的意思，有一元复始、万象更新之意，寓意企业能像字号一样在同行业中争第一。1908年在前门大栅栏街开设了第三家店，同样取名"张一元"，为区别前一个店，该店亦称"张一元文记"茶庄。

【原文】

然翁虽游于贾人乎，好读书其天性，雅善诗史，治《通鉴纲目》①、《家言》、《性理大全》②诸书，莫不综究其要，小暇批阅辄竟日。

【译注】

①《通鉴纲目》：南宋朱熹撰著。五十九卷，序例一卷。熹与其门人赵师渊等，根据司马光《资治通鉴》、《举要历》和胡安国《举要补遗》等书，本儒家纲常名教，简化内容，编为纲目。

这句话的意思是，汪应浩虽然经商，但是好读书是他的天性，他擅于诗史，研究《通鉴纲目》、《家言》、《性理大全》等书，都能掌握其要旨纲领，稍有闲暇就整日批阅。

辑自《休宁西门汪氏宗谱》卷6,《光符应浩公七秩寿序》。

【感悟】

徽商向来以"贾而好儒"闻名,他们虽然寄身于商海,却没有放弃读书习理。

明休宁商人汪应浩在一边经商一边读书方面更为突出,作为盐商,他虽然事务繁忙,但是对诗史等方面颇有研究,实在不易。

【故事链接】

每逢地方考试,那些宿士才人茫然不知论题始末,纷纷请教汪应浩,他当即指出此题出于某书某卷某行,"百无一谬"。时人评论他的学问超过那些所谓的呫(tiē)呷之辈何止几倍(《休宁西门汪氏宗谱》卷六《光符应浩公七秩寿序》)。

更值得一提的是,每当地方考试的时候,那些以研究学问自居的人茫然不知道论题的始末,都纷纷去请教汪应浩,他当即指出此题出于某本书某卷某一行,基本百发百中,没有失误。当时人称赞他的学问比那些专门读书的人的学问不知道要超过多少倍。

【延伸阅读】

曹素功墨业

曹素功(1615—1689),清代四大制墨名家之一,原名圣臣,号素功,徽州歙县岩寺人。他早年潜心科举仕宦之途,因不遂心愿,便返乡以制墨为业。最初借用名家吴叔大的墨模和墨名,并开店营业,以后墨质和工艺造型日渐精良,名声亦渐远扬,其墨业更加兴旺。后移店至苏州、上海等地,常为权贵和名流定版制墨,在社会上层影响很大,被誉为"天下之墨推歙州,歙州之墨推曹氏"。

【原文】

虽隐于贾，暇则浏览书史，与客纵谈古今得失，即宿儒①以为不及。

【译注】

①宿儒：(sù rú)：素有声望的博学之士。宿，年老的，久经其事的。原指长期钻研儒家经典的人，泛指长期从事某种学问研究，并具有一定成就的人，也指书读得很多的老学者。

(歙商吴彦先)虽然经商，闲暇的时候就浏览书、史，与客人纵横谈论古今得失，即使是那些长期钻研儒家经典的人也比不上他。

辑自《丰南志》第5册。

【感悟】

歙县商人吴彦先在两淮一边经营盐业，一边研究儒学，颇有成就，为那些　宿儒所不及。

【故事链接】

一些儒商不仅自己重视业儒，还重视子弟习儒。为了让子弟更好地业儒，延师课子成了徽商中最普遍的现象。所以盐商鲍嚢致富后，不惜重金，延揽名师，购买书籍教育子弟。"富而教不可缓也"是众多徽商的共同认识。

【延伸阅读】

更难能可贵的是，不少商人不仅雅好诗书，而且多有著述。

如歙商郑孔曼少而商于吴，中年商梁楚，晚岁贸于宁，"虽游于贾，然峨冠长剑，褒然儒服，所至狭诗囊，从宾客登临啸咏，然若忘世虑者。著骚选近体诗若干首，若《吊屈子赋》、《岳阳回雁》、《君山吹台》诸作皆有古意，称诗人矣"(歙县《双桥郑氏墓地图志》、《明故徕松郑处士墓志铭》)。

歙商黄长寿，"性喜吟咏，所交皆海内名公"，相与往来赓和，"所著有《望云遗稿》，藏于笥。刻《文公家礼》、《诗文玉屑》、《雪州文集》、《望云集》、《壬辰集》、《壬辰续集》及《江湖览胜》行于世"（歙县《谭渡黄氏族谱》卷九《明故绥德卫金事公墓志铭》）。

清休宁商人汪如钺"贾江汉间"，所著有《穆斋文集》、《行旅无虞》二书（嘉庆《休宁县志》卷一五《人物·乡善》）。大盐商江春"工制艺，精于诗"，著有《水南花墅吟稿》（《扬州画舫录》卷一二）。

黟县商人胡际瑶，"君虽业商，然于诗书皆能明大义，舟车往返，必载书箧（qiè）自随，每遇山水名胜之区，或吟诗，或作画以寄兴，著有《浪谈斋诗稿》一册"（同治《黟县三志》卷一五《艺文·人物》、《胡君春帆传》）。

歙商黄筏，字可堂，为一木商，虽星餐水宿，仍不忘读书，"博览群集，好文学，左（传）、国（语）、庄（子）、离（骚）、史（记）、汉（书）诸书，风（讽）诵如流，兼通天官、堪舆、六壬、演禽、奇门诸术"，真是一位奇才，著有《虚船诗集》二卷，文一卷（《歙事闲谈》第三册《黄可堂诗》）。

婺源商人施德栾服贾30余年，"劳暇则寄情诗酒"，著《北山诗稿》，为袁太史所赏，采入《同人集》（光绪《婺源县志》卷二九《人物·孝友》）。同邑商人董邦直，经商"稍暇，手一编不撤。喜歌诗，兼工词，著有《停舸诗集》四卷，《小频伽词集》三卷"（光绪《婺源县志》卷二九《人物·孝友》）。惺惺惜惺惺，政府官员读其诗词，大为赞赏，誉为"才优学瞻"、"艺苑清芬"。一个商人能享有如此美誉，的确不凡。

【原文】

昼筹盐策，夜究简编。

【译注】

这句话的意思是，（歙县吴钠）白天筹谋经商的策略，晚上研究学问。辑自《丰南志》。

【感悟】

歙县吴钠在家境贫寒的情况下弃儒就贾，但仍向往儒业。明清时代驰骋域内的徽商多有自幼业儒，后来因家境贫寒或中衰而不得已弃儒就贾的。但就他们的心态而言，弃儒服贾，对他们来说实为不得已，在内心深处，他们仍然羡慕儒业，而对自己所从事的商业有着强烈的自卑感。

【故事链接】

歙县人江羲龄自幼习儒，后"以亲老家贫，弃儒服贾，以为供养"（歙县《济阳江氏族谱》卷5）。金起凤"少习举业，通经史。以父奔走四方，欲代其劳，遂弃儒服贾"（《婺源县采辑·义行》）。弃贾服儒者也屡见不鲜，但他们并非经商失败者，而大多是累资百万的富商大贾，或着意科场，或捐货买官，即使本人年老业儒不成，也要千方百计培养子侄攻读诗书，以"就儒业"。

【延伸阅读】

汪恕有滴醋

恕有滴醋厂是苏北地区最大的食醋生产民营企业，产品已形成调味、保健、风味三大系列20多个品种。汪恕有滴醋创牌于清初康熙十四年（1675年），距今已有330多年的悠久历史。曾被乾隆帝封为"御品"，清代著名文学家袁枚在其烹饪名著《随园食单》一书中推荐"以板浦醋为第一"。

300多年前，有不少徽州人来到海州地带谋生，"汪恕有"滴醋的创始人汪懿余系徽州迁居板浦汪氏第一代，起初在家中建立一个作坊，用简单的工具生产数量有限的"老糖"，后来改制成为生产食醋，随着生产规模的不断扩大和为了生意上的方便，便起了店号叫做"恕有"。

【原文】

吾为儒不卒，然麓①书未尽蠹②，欲大吾门，是在若等。

【译注】

①麓(lù)：山脚。麓书：指藏书。②蠹(dù)：蛀。

我因为很多原因没有坚持从事儒业，但是我们家的藏书还没有被书虫蛀完，要想光大门楣，希望、责任都在你们的身上。

辑自《休宁西门汪氏族谱》卷7，《处士镗公传》。

【感悟】

这是歙县商人汪镗临终前向他的儿子说的话。从他的这句话里，我们可以知道，他没能坚持儒业是出于不得已，并且为之抱憾终身。他对儒业的舍弃给儿子们创造了读书的物质条件，希望儿子们不要像他一样，而一定要坚持习儒，借此光宗耀祖。

【故事链接】

有的商人在临终之际，仍念念不忘劝勉子弟"著儒服"，学习儒学。休宁商人程锁因早年父死家贫弃儒经商，备尝艰辛，终成巨富。弥留之际，他告诫诸儿："吾故业中废，碌碌无所成名，生平慕王烈、陶潜为人，今已矣。凡吾所汲汲者，第欲尔曹明经修行，庶几古人。"（汪道昆《太函集》卷61，《明处士休宁程长公墓表》）他虽然对王烈、陶潜等人倾慕，但是因为生计的需要而中断了儒业，他们对子侄业儒寄以厚望，希望他们能明经修行，学习古代儒者。吴钠"谆谆以陶侃惜分阴之义相警"诸子，见诸子"所业进，则加一饭；所业退，则减一饭。每呈阅课艺，必为掎披利病，期当于应科法程"（《丰南志》），吴钠对他儿子的教育简直达到了非常苛刻的地步，可见他望子成龙是多么的心切。

【延伸阅读】

所谓徽州商帮，是指以新安江流域为中心的安徽徽州府籍的商人集团。徽商是构成明清时代商业资本的重要力量。徽州府下辖歙县、休宁、婺源、祁门、黟县、绩溪6个县。徽州人稠地狭，但物产富饶，徽人经商，源远流长，早在东晋时期就有新安商人活动的记载。约在明成化、弘治年间，徽商便形成了商帮集团，明嘉靖至清乾隆时期达于鼎盛。清末，由于社会动荡，徽商也走向衰落。徽商活动范围遍及全国，不仅在南北二京、各省都会及大小城镇都有经商活动，而且穷乡僻壤、深山老寨、沙漠海岛等人迹罕至之地也有其踪迹。明万历年间所修的《休宁县志·风俗》说道："徽商大者举锺，次则权母子轻重而修息之（质贷）……其他藉怀轻资遍游都会，因此有无以通贸易，视时丰歉以计曲伸。诡而海岛，罕而沙漠，足迹几半宇内。"明嘉靖年间，民间就有"钻天洞庭遍地徽"之谚。其经营范围也是"无货不居",主要经营盐、粮、布、茶、木材、典当等。同时还精于制墨,徽州文房四宝行销四方。此外在瓷器、丝绸、古玩等方面徽人也多有经营。

【原文】

乃公能以儒为贾,若等不能以贾为儒,此柳下惠[①]鲁男子[②]可不可之分也。

【译注】

①柳下惠:柳下惠(前720—前621)展氏,名获,字禽,春秋时期鲁国(今山东曲阜)人,是鲁孝公的儿子公子展的后裔。"柳下"是他的食邑,"惠"则是他的谥号,所以后人称他"柳下惠"。②鲁男子:春秋时鲁国人颜叔子,传说他洁身自好,不贪恋女色,有坐怀不乱之誉。

这句话的意思是,(你父亲)我能借助儒学来经商,你们不能借助经商来学习儒学,这就像柳下惠与鲁男子之间有可与不可之分一样。

辑自明李维桢《大泌山房集》卷48,《赠余隐士序》。

【感悟】

这是休宁商人余天柴经常对他四个儿子说的一句话,其中运用柳下惠、鲁男子的典故来比拟儒与贾的关系。

柳下惠"坐怀不乱"的故事:有一次柳下惠到外地办事,耽搁了出城时间,此时,客店也已住满了客人,他只好到城门下夜宿。不久,一位年轻貌美的女子也来到城门下夜宿。柳下惠见那女子衣服单薄,冻得索索发抖,恐怕那女子冻死,就用自己的棉衣把她裹在怀

里,一直到天亮,丝毫没有淫乱行为。此后,人们就用"坐怀不乱"来形容男子在两性道德方面情操高尚,作风正派。

鲁男子的故事:春秋时鲁国人颜叔子独居一室,一天,一位女子要求投宿,颜叔子整夜点着蜡烛火把照明以避嫌,时人称他为"鲁男子"。

通过比较我们可以得出,柳下惠作风正派,对那名女子有帮助;鲁男子也

作风正派,但对那名女子没有帮助。可见,余天柴要告诉儿子的真实含义是,儒学对经商有帮助,而经商对习儒没有帮助。

【故事链接】

出于以儒学帮助经商的目的,也是出于对儒学的喜爱,很多徽商喜爱藏书。马曰璐是其中之一。马曰璐是清代著名盐商、藏书家,字秋玉,号辖谷,祁门人。马曰璐从小侨居扬州,经营盐业,为清代前期扬州徽商的代表人物之一。马家庭豪富,但为人慷慨,热心地方公益事业,曾捐资开掘扬州沟渠,筑渔亭孔道等。他喜爱考校典籍,家中专设刻印坊,不惜费资刻印书籍,当时称这一批书为"马版"。小玲珑山馆又是马氏藏书楼名称,藏书多达10余万卷。1772年四库全书馆设立,马曰璐的儿子马振伯献藏书776种,为全国私人献书之冠,受乾隆皇帝褒奖,赐《古今图书集成》一部。《清史稿·文苑传》有马曰璐传。

【延伸阅读】

徽商名人程十万

"程十万"是徽商程承津、程承海兄弟合称。程承津、程承海为宋初时祁门善和乡人,因经商至富,乡人号为"程十万",每称津为"十万大公",海为"十万二公",言其家资以万计也(《祁门善和程氏谱·足征录·书四府君派后》)。程氏兄弟是徽州早期拥有巨资的商人。

【原文】

> 非儒术①无以亢吾宗。

【译注】

①儒术:儒家的原则、学说、思想。

除了儒术就没有能够振兴我们宗族的东西了。

辑自汪道昆《太函集》(万历十九年金陵刊本)卷67,《明赠承德郎南京兵部车驾司署员外郎事主事汪公暨安人郑氏合葬墓碑》。

【感悟】

徽商对儒学十分重视。中国古代王朝(当是唐代)曾经有过商人及其子弟不得参加科举的规定,后来的王朝或有沿袭。明朝初年也有过类似的规定,但到明朝中后期,这项限制基本消亡,商人子弟也有习儒业、考科举、得官职的机会。于是徽州"三贾一儒",其俗"不儒则贾"。徽商有不少人本意业儒,从商是因为家境不裕或者继承祖业的需要。所以经商成功后,令子弟业儒就成为他们的凤愿之一。

【故事链接】

程长公"始学为儒,将就业,会父疾,命处士当户,乃从父受贾,以盐策贾吴越间"(汪道昆《太函集》卷47,《明故处士程长公孺人方氏合葬墓志铭》)。

由于家庭的需要,程长公不得不舍儒从商。后来经商成功,成为"上贾"。"二子皆补太学生,行且入仕。孙男八,补郡诸生一人,县诸生二人"(汪道昆《太函集》卷47,《明故处士程长公孺人方氏合葬墓志铭》)。有些商人即使从商前没有业儒的明确要求,然经商成功后,子弟业儒仍然是其愿望。不少经商成功的商人,有两个儿子的,一般都会使一人业儒,一人经商,譬如,汪海从父业贾,经商成功后,"授二子职,各以其材。命体仁承家,其世吾业,为主器;体义治经术,其从叔父入太学"(汪道昆《太函集》卷55,《明处士充山汪长公配孙孺人合葬墓志铭》)。

【延伸阅读】

徽商贾业致富,积极投身于家族、社会的公益、慈善事业,这是儒家重血亲人伦思想的表现,也是商人提高自身地位、声望、构建其独立人格的需要。譬如:吴处士荣让,经商积累至"巨万"后,"立宗祠,祠本宗,置田以共祀事……召门内贫子弟,悉授之事,而食之……桐庐立义塾、义仓,皆仿古人遗意。诸所建置,即缙绅学士自以为不如……所至梁津证道,赴义如流"(汪道昆《太函集》卷47,《明故处士吴公孺人陈氏合葬墓志铭》)。

【原文】

筑室舍旁,聚书万卷。

【译注】

在房屋旁边单独建一间房子,搜集收藏书籍万卷。

辑自汪道昆《太函集》卷61。

【感悟】

不少徽州商人慷慨解囊,组织新安理学家编纂理学书籍、刊刻书籍,传播理学知识,对新安理学"历元明而其传弥广"发挥了重要作用。

【故事链接】

徽州商人对收藏典籍兴趣浓厚,许多徽商同时也是藏书家。如清代歙县人程晋芳,"治盐于淮。……罄其资以购书,庋阁之富,至五六万卷,论一时藏书者莫不首屈一指"(徐珂《清稗类钞·义侠类》)。至于乾隆时歙县大盐商鲍廷博、祁门大盐商马曰璐因藏书之丰,被誉为清代著名藏书家,更是人所共知。徽商藏书不只是为了"暇则披览于其中",以供玩味,更重要的是为了"多刊善本,公诸海内,使承学之士,得所观摩"(许承尧《歙事闲谭》卷9),通过收藏、校刊,然后刻印行世,传播儒家思想。

【延伸阅读】

吴荣让建立宗祠、祭祀以敬宗;帮助族内贫寒子弟就业;又热心于建立义塾、义仓、筑路、修桥之类的公益、慈善事业。诸如此类的行为,奠定了他在桐庐地方的地位、威望,让他取得了类似乡绅的身份。汪道昆的祖父汪伯龄亦有类似行为。政府有关人员对其行为及大义进行表彰。

五、亦儒亦贾

【原文】

昼则与人昂华货殖，夜则焚膏翻书弗倦。

【译注】

白天在喧嚣中与人贸易，晚上挑灯读书而不知疲倦。

辑自《休宁率东程氏家谱》卷11。

【感悟】

休宁商人程良锡弃儒从贾后，经商　与读书两者兼顾，乐此不疲。

【故事链接】

薛瑄认为："读书之久，见得书上之理，与自家身上之理，一一契合，方始有得处。"（《读书录》）书读得久了，如果能够见到的书上为人处世的道理与自己所感悟到的为人处世的道理是一致的，直到这时才算得上是开始有些心得了。

【延伸阅读】

王子承独力修建新都的学校（汪道昆《太函集》卷17，《寿域篇为长者王封君》），程次公对于抗倭保城的行为"首输千金，以佐军实，为士民先"（汪道昆《太函集》卷17，《程次公六十寿序》），积极助资，不遗余力。商人在居住地的公益、慈善事业，给他们赢得了威望、地位和尊重。商人最终以"绅"的身份和地位，完成了对于其独立人格构建的历程。商人的群体"绅"化，是其标志。

【原文】

> 新安三贾一儒,要之文献国也。夫贾为厚利,儒为名高。夫人毕事儒不效,则驰儒而张贾;既侧身飨其利矣,及为子孙计,宁驰贾而张儒。一驰一张,迭相为用,不万钟则千驷,犹之转毂①相巡,岂其单厚计然乎哉,择术审矣。

【译注】

①毂(gǔ):车轮中心插轴的部分。

新安三个商人中间就有一个是儒者,究其原因新安是一个文化底蕴深厚的地区。商人追求利润,儒者追求名声。如果没有条件习儒,那么就暂弃儒业而经商;如果已经丰衣足食,为子孙后代着想,也要以儒业为重。如此这样,有所取舍,不想交替,不能成为富商就要成为高官,就像转动达到车轴一样前后相随,并不是考虑盈亏,而是审慎地选择生存之道。

辑自汪道昆《太函集》卷52,《海阳处士金仲翁配戴氏合葬墓志铭》。

【感悟】

"贾而好儒"是徽商的最大特色。翻开徽州的方志及相关文献,徽商贾而好儒,亦贾亦儒,贾儒结合的例子,举不胜举。徽商在经营中注意吸收文学、艺术、历史等方面的知识,提高自身的文化素质,促进商业的发展,这二者的互动,有利地推动徽州,乃至整个经商乔寓地的和谐发展。

【故事链接】

在中国思想史上起重大影响的程朱理学,集儒学之大成,成为中国封建社会的统治思想。二程朱熹祖籍都在徽州,二程朱熹和徽州人的强烈双向乡土认同,使程朱理学在徽州的传播和贯彻更加深入人心,一大批徽州学者随程朱之后,潜心理学,研习弘扬理学学说,著述宏富,形成了以程朱为发端,程询、滕磷、滕琪、李季、汪阵、祝穆、吴爬、程先、程永奇、汪莘、许文蔚、谢琏、程大昌、许月卿、程复心、郑玉、程暄、胡一桂、朱升等为基本骨干的"新安理学"学派。"新安理学"学派对经过程朱哲理化系统化的儒家学说,"说之详、守之固",为他郡所不及,连普通百姓"肩圣贤而躬实践"者也所在多有。

【延伸阅读】

在"儒学之盛"的徽州,很多徽商受过儒学教育,掌握了一定的文化知识,大大促进了徽商商业活动的开展。具体表现为:在他们的经商活动中,大多善于审时度势,决定取予;运以心汁,精于筹算;善于分析市场形势,分析自然和社会诸因素对供求关系的影响,从而在取予进退之间不失时机地做出正确的判断,以获得厚利;具备了一定的管理和组织才能,增强了经商才能。

【原文】

年十六而外贸……然雅好诗书,善笔丸,虽在客中,手不释卷。

【译注】

(程淇美)十六岁的时候就到外地经商……但是有爱好诗书的风雅,擅于创作,手不释卷。

辑自《旌阳程氏宗谱》卷13。

【感悟】

戴震称赞这些商人"虽为贾者,咸近士风"(戴震:《戴震集》上编卷12)。徽商以读书来寻求为人之道和治生之策,是区别于同时期其他商帮的一个显著特征。

【故事链接】

　　儒者，是尊崇儒学、通习儒家经书的人。汉代以后泛指一般读书人。儒者风范是我国古代许多文人学者非常推崇的一种人格倾向。所谓儒，实际就是温文儒雅，谦恭礼让。古代的儒者就是传授六艺的人。六艺指的是礼、乐、射、御、书、数。我们现代教师的工作内容也就相当于儒者。《礼记·儒行篇》曰："哀公问于孔子曰：夫子之服，其儒服与？孔子对曰：丘少居鲁，衣逢掖之衣；长居宋，冠章甫之冠。丘闻之也，君子之学也博，其服也乡，丘不知儒服。"意思是："鲁哀公问孔子说：先生穿的是儒者的服装吧？孔子对答说：丘小时候居住在鲁国，穿着大袖子的衣服，长大以后居住在宋国，戴着章甫冠。丘听说，君子的学问要广博，穿衣服要入乡随俗。丘不知道什么是儒服。"

【延伸阅读】

徽商名人胡玉美

　　清朝嘉庆乙丑年(1805年)，一代酱王胡兆祥出生于安庆城集贤门外一个制作酱货的小作坊家庭。他的祖籍在徽州休宁县万安镇。清道光十年(1830年)，开始在本地走街串巷，肩挑贩卖酱货，继而开设"四美"酱园、"玉成"酱园，后在安庆商业中心四牌楼创办"胡玉美"酱园("玉美"是店号，既以之志前人创业之艰辛，又寓之以"玉成其美"之意)，至今已近有200年。

【原文】

> 虽不为帖括①之学，然积书至万卷，眼辄手一编，尤喜先儒语录，取其有益身心以自励，故其识量有大过人者。

【译注】

　　①帖括：泛指科举应试文章。

（绩溪商人章策）虽然不专门研究科举应试文章,但是藏书万卷,闲暇之时总是手不释卷,尤其喜欢先儒的语录,汲取其中有益身心的地方以自我勉励,因此他的胆识有过人之处。

辑自绩溪《西关章氏族谱》卷26,《例授儒林郎候选布政司理问章君策墓志铭》。

【感悟】

绩溪商人章策因为喜好儒家修养　　他经商很有帮助。
身心的方法,并以此自我勉励,因此对

【故事链接】

清金兰生编述的《格言联璧·学问》中说:"经济出自学问,经济方有本源。心性见之事功,心性方为圆满。舍事功更无学问,求性道不外文章。"意思是:"经国济世之道只有从学问中来,才有不竭的源泉。修身养性之道只有体现在建功立业上,才算得上圆满。不为建功立业服务的学问不能算学问,要寻求修身养性之道,必须到圣贤的文章中去寻找。"

【延伸阅读】

同 庆 楼

同庆楼菜馆是芜湖餐饮业的历史名店。1925 年创建,1999 年,国内贸易部认证"同庆楼"菜馆为"中华老字号",全国餐饮行业仅有 58 家。1925 年左右,当时正值芜湖米市兴旺,商业发达,饮食行业的酒楼、菜馆纷纷建成开业,为在林立的酒楼之中力压群芳,10 家商业大户联合集资,开办了一所徽州班菜馆,公推民国初年闻名江南的"醉春酒家"打面师傅徽州绩溪人程裕有出任经理。

店址在中二街(今柳春园小学校址),最初取名"同鑫楼"。因程裕有师傅在武汉开设同庆楼菜馆,便前往请教,并商定借名"同庆楼"来芜,称为"徽州同庆楼"菜馆。

【原文】

习礼义,或商或儒,各肄①本业,谨守礼法,毋坠先志。

【译注】

①肆(yì):学习。

这句话的意思是,学习礼仪,或者经商,或者习儒,各自学习自己的本业,遵守礼法,不要丢掉先辈的志向。

辑自《重修古歙东门许氏宗谱》卷10,《社序》。

【感悟】

这是歙县许氏宗族对宗族子弟的规定。不论是经商还是习儒,都是可以的,都要学习礼仪,遵守礼法,关键是要继承先辈的志向。孟子曰:"天将降大任于斯人也,必先苦其心志,劳其筋骨,饿其体肤,空乏其身,行拂乱其所为。"(《孟子·告子下》)意思是:"上天将要降落重大责任在这样的人身上,一定要先使他的内心痛苦,使他的筋骨劳累,使他经受饥饿,以致肌肤消瘦,使他受贫困之苦,使他做事不顺利,总不如意,通过这些来使他的内心警觉,使他的性格坚定,增加他不具备的才能。"只有学了该学的,打好基础,坚持不懈,才能不辜负先辈的期望,胜任振兴家族的重任。

【故事链接】

经商为第一等生业

明清时期的徽州,经商被视为第一等生业。民间职业教育的着眼点正是从思想上破除重农抑商的陈腐观念,树立工商皆本的意识,并进而提倡诚实守信、勤劳致富的营商准则。其具体做法如下:树立"四民平等"的职业观念。传统中国社会,士农工商存在着严格的等级区分,士居其首,农工商次之。明清时期,随着工商业的发展,传统的四民有别观念受到猛烈冲击,"士农工商,各执一业","九流百工,皆治生之业"(冯应京《月令广义》卷2《岁令二·授时》)等说法已盛行于世。具体到营商成风的徽州地区,徽州人在重视科举教育的同时,也尽力培养子弟树立四民平等的职业观念。这在徽州人常用来规范族内子弟行为的族规家训中多有体现,如《休宁宣仁王氏族谱·宗规》云:"士农工商,所业虽别,是皆本职。"《新安瑛上程氏宗谱·家禁》写道:"士农工商皆为本业。"凡此种种,都是以家法族规的形式将工商皆本的思想固定下来。由此我们可以想见,这个时候的徽州人在心灵深处已认同了这种思想。正因为如此,徽州的子弟才能有那么多人义无反顾地投身商海。与此相呼应的是,各个家族要求子弟学习治生理财,在众多的行业中择其一业而从之。

【延伸阅读】

士农工商的排序

"士农工商"是古代所谓四民,指读书的、种田的、做工的、经商的。士农工商是古人按着为社会贡献大小的顺序来排列的。

士为何排第一:"万般皆下品,唯有读书高",立德于心,建功于世,宣德功于言,泽被后人。

农为何排第二:"仓廪实而知礼节","民以食为天","家有余粮、心里不慌",尤其在从农业为主的国家更为重要。

工为何排第三:"欲善其事,先利其器",借助工具可以提高效率。

商为何排第四:商是互通有无的,必依赖他人而后能行。只可少数人参与,如果大家都去经商,都去依赖他人,则无人可以依赖了。商的地位排在末尾,有不禁止又不提倡的深意。

【原文】

儒者直较较为名高,名亦利也。藉令①承亲之志,无庸②显亲扬名,利亦名也。

【译注】

①藉令:假使。②无庸:无需,不必。

意思是，儒者孜孜追求的是名声，名声也是一种利益。假使继承了祖辈的志向经商，那么就无需读书求功名，也能获得利益，而利益就是一种名声。

辑自汪道昆《太函集》卷54。

【感悟】

这是歙县吴良儒说的话，他认为业儒与经商殊途同归，都赢得了名声，获得了利益。俗话说，"三百六十行，行行出状元"，无论是经商，还是读书，只要肯下苦功，只要有所成绩，一样会美名远扬，一样会光宗耀祖。

【故事链接】

好 读 儒 书

儒家思想统治下的中国古代社会，读儒书、求功名、得官职，成为几乎所有国人向往的事情。所以有产之家，多令子弟读书；甚至家境困窘的家庭，也勉力为之。徽州人家也是如此。商人之所以业商，有自己的选择，譬如家族世代业商的吴太公正中之仲子希召（汪道昆：《太函集》卷51《吴太公暨太母合葬墓志铭》载：太公……世受贾，倾江南……伯子希周请服儒，命之儒。仲子希召请服贾，命之贾）。

也有种种条件限制下的不得已，譬如吴荣让。吴荣让，字子隐，歙西溪南人。父亲经商襄阳。八岁时，父亲去世。家境困窘，甚至"薄田四三亩，无以具饘粥"（汪道昆：《太函集》卷47《明故处士吴公孺人陈氏合葬墓志铭》）。所以，吴荣让十六岁时，即跟从族人经商松江。数年后，即成巨富。然而幼时贫困无学，始终使他难以释怀。经商以后，"乃始购书读之，然无常师，独从人受章句"（汪道昆《太函集》卷47，《明故处士吴公孺人陈氏合葬墓志铭》），坚持读儒书、学章句，以偿幼时失学之憾。

【延伸阅读】

贾儒相通、贾儒合一的价值观

对观念突破期徽商程澧的"籍能贾名而儒行，贾何负于儒"言论进行详细解读，可以发现贾儒相通、贾儒合一并不等同于贾儒的"同一"。贾名儒行的含义是,贾是现象,儒是本质;贾为"寄",儒为实;贾是手段,儒是目的,只有在自己的心目中做出了如此明确的定位,贾方能不负儒。而汪道昆所概括的"不儒则贾"的徽州民俗,则更为直接地道出了徽州人之于儒贾的选择秩序。由此可见,贾儒相通、贾儒合一绝不意味着贾儒两者在徽州社会与徽商心目中地位的平等,它是有先后次序的,其核心价值是儒,而贾是这一核心价值观的附加或补充,或是实现这一核心价值观的必要手段与可供选择的路径。或许,对大部分徽州人而言,这是一条基本的路径。这种价值取向,是由徽商的封建商帮的性质决定的。

六、谦 让 坚 忍

【原文】

快乐每从辛苦得,便宜多自吃亏来。

【译注】

瑞玉庭的这一错字联:"快乐每从辛苦得,便宜多自吃亏来"。"快乐每从辛苦得""快"上少了一竖,"辛"字上多加一横。意为少一些快乐,多一份辛劳。"便宜多自吃亏来""多"字少的那点移到"亏"字去了(亏用的是繁体字)。西递村的后人解释说,这是吃小亏占大便宜,而且吃亏要吃到点子上。

辑自倪国强编著《黟县民间古楹联集萃》。

【感悟】

此联内含哲理,寓意深刻,是宣扬徽商经商之道的好联文。作为处世哲学,道尽经商与做人的道理。在黟县的这副对联中,"辛"字多了一横;"多"字少了一点,却落在亏字上面,这绝不是书法家的疏忽和失误,而是启迪我们:多一份辛苦,就能获得多一份快乐;吃小亏能占大便宜,但吃亏要吃在点子上,而不能一味地吃傻亏。

【故事链接】

徽商凌晋"与市人贸易,黠贩或蒙混其数以多取之,不屑屑较也;或伪与少与,觉则必如其数以偿焉。然生计于是益殖"。

徽商凌晋与其他商人贸易的时候,有狡黠的商人蒙混凌晋,拿的比应该拿的

多,他也不计较;有时别人给的比应该给的少,他也按照应该给的数目还给别人。虽然经常吃些小亏,凌晋的生意却越来越红火。

【延伸阅读】

天道酬勤,所以有收获而快乐;吃亏是福,吃亏的次数多了就能成长。徐特立说,世界上没有便宜的事,谁想占便宜谁就会吃亏。

【原文】

世事让三分天空海阔,心田①存一点种子孙耕。

【译注】

①心田:佛教语,即心。

大意是,遇事退让三分,就有宽阔的余地;只要多存一点善心,就能使子孙受益无穷。

辑自倪国强编著《黟县民间古楹联集萃》。

【感悟】

此联意在启发人们,待人接物要宽　厚忍让,积德行善将庇荫后代。

【故事链接】

清代休宁商人吴鹏翔十分重视善行,如他经销胡椒时曾与人签约后买进了八百斛,原卖主有人察辨出这批货有毒后唯恐奸情败露,便央求吴鹏翔退回原货,然而吴鹏翔竟不惜成本,把这批有毒胡椒付之一炬,以免那见利忘义唯利是图的原卖主"他售而害人"。

【延伸阅读】

徽商之所以把生意做得红红火火,主要是因为他们讲道德,守信誉,注重建立良好的诚信和人际关系。

【原文】

世事每逢谦处好,人伦常在忍中全。

【译注】

这句话主要强调人们为人处世要谦虚、忍耐。

辑自倪国强编著《黟县民间古楹联集萃》。

【感悟】

《文子·符言》:"欲胜人者先自胜,欲卑人者先自卑。"意思是,要想战胜别人,首先要战胜自己;要想使别人谦恭,首先自己要谦恭待人。《尚书·大禹谟》:"满招损,谦受益。"意思是,自满使人骄傲自满,谦虚使人受益颇多。谦虚对于自己有很多好处,谦虚应该从自我做起。

【故事链接】

位于宏村的承志堂,是一座大型的徽商民宅,在其前厅的额枋上就雕有长约2米、高50厘米的大型木雕《唐肃宗宴官图》;前厅中门上雕有《百子闹元宵》,东西两边还雕饰着《三英战吕布》、《战长沙》、《长坂坡》等富有寓义的浮雕。在后厅的额坊上雕的《郭子仪上寿图》,内容是褒扬唐朝重臣郭子仪治国治家有方的故事;南向梁坊上雕的是《九族共荣图》,也叫《百忍图》,表现的是唐高宗时,张公艺九世同堂,和睦相处,保家守业,敦睦家族,事迹为唐高宗所知,高宗驾临张宅,为张家九世同堂赞叹不已,询问张公艺治家之法,张连书百个"忍"字,高宗顿悟,赐锦帛、授金匾,立为治家楷模的故事。这等警示后辈治家要以忍为主,尊祖敬宗、读书积善的雕刻作品是完全与儒教的文化思想相暗合的。

【延伸阅读】

　　徽州的建筑雕刻很讲究装饰美,或者说它应属于工艺美术的雕刻范畴。在整体造型的处理上,技法服从于特定的器物,并在此之上合理布局空间比例。为增加视觉美感,徽州的雕刻艺术家将花茎叶蔓、云朵水纹变化为规则整齐的"百结"与"回纹"。这种工艺图案的语言,可上下贯通,左右联系,被用为填补空白,串起一个个人物场景,营造出疏密相间、贯气统一的整体效果。如雉山村的木雕楼,虽木雕整体上未着任何金银与髹(xiū)漆,但满壁的繁雕似锦,竟传达出金碧辉煌的灿烂感来,着实令人称奇叫绝。

　　徽雕达到了实用性与装饰性的完美结合。楼里的一对石凳,在黑色大理石上,圆雕着满捆的书简,应物象形,匠心独运,既是完整的雕刻精品,又是实用的矮凳,就坐此"文化"之上,自然是心无俗念了。围墙的透窗石雕除满足采光、透气之实用要求外,还与建筑整体风格相统一,大面积单色粉墙饰以精巧玲珑、造型各异的黑色透雕,与整体建筑的黑瓦组合相得益彰。徽州的雕刻技法是全面与多元的,几乎所有的雕刻手法在徽州都能找到印迹。石雕、砖雕、木雕"三绝",浮雕、圆雕、透雕皆擅。有的透雕是两面雕刻,正反都可观赏;有的浮雕、圆雕并用,多层雕琢;有的在五六厘米的厚度上,竟雕有七八个层次。为迎合市民口味,有的雕刻中的门窗竟能转动开合,偏具匠心。在工艺上有的粗放、有的工细;有的率意简约、有的严谨缜密。视民居主人的品味要求,有的追求方正、块面明朗;有的意在中庸、线条圆浑柔和,呈现出多元、完美的雕刻技法。

【原文】

> 遇事虚怀观一事,与人和气誉群言。

【译注】

　　遇事一定要虚怀若谷,认真观察以判断是非,切莫轻易表态;待人接物做到了和气温文尔雅,方能获得众口称赞。这句话重在说明为人处世之道要谦和。

　　辑自《黟县民间古楹联集萃》。

【感悟】

徽商在经营的过程中高度重视 两败俱伤。所以，徽商又有"和商""人和"，他们认为和才能生财，斗只会 一说。

【故事链接】

清代婺源商人毕周通曾接受邻村故旧王某的存银六十两。王某死后，"人无知者"，没有人知道存银子这件事。但是毕周通专门设立一个账本，记录下存银的年月及利息数。几年过后，王某之子长大成人，毕周通便拿出原账簿，将王某的存款连本带利一并奉还，闻者无不叹服。

【延伸阅读】

"和"指的是内部的人事环境和外部的经营环境要和谐。徽商之所以能数百年称雄海内，这与他们善良谦让、互助互爱、不断营造主客之间的和谐氛围不无关系。明代文人是这样描述徽商的："家乡故旧，自唐宋来数百年世系，比比皆是，重宗义，讲世好，上下六亲之施，无不秩然有序。""千年之冢，不动一抔；千丁之族，未尝散处；千载谱系，丝毫之紊。"如有一家人与族外人发生了争议，"则一人争之，一家争之，一族争之，并通国之人争之，不直不已"。可见徽人团结互助的精神。重儒而不轻贾，贾儒并重，以义为利。有如此深厚的文化底蕴做基础，所以徽商内部凝聚力很强，这也是徽商能成为十大商帮之首的重要原因之一。

【原文】

> 厚之一字，一生学不尽，亦做不尽也。

【译注】

厚这个字，一生都学不完，也做不完。

辑自吴吉祜歙县《丰南志》第5册。

【感悟】

　　徽商认识到讲求商业道德不但利人，而且利己，只有讲求商业道德、商业信誉，才能取得人们的信任与支持，从而取得丰厚的回报。

【故事链接】

　　宋杨万里认为："人莫不爱其生，故莫不厚其生；莫不厚其生，故莫不伤其生。"（《杨万里选集·晚归书室呈钱君倚》）意思是："因为没有人不爱惜自己的生命，所以没有人不重视自己的生命；因为所有的人都重视自己的生命，所以没有人会伤害自己的生命。"生命实在可贵，所以要珍惜。

【延伸阅读】

　　老子曰："处其厚，不居其薄；处其实，不居其华。"（《老子·第三十八章》）处其厚指立身敦厚。薄指浅薄。意思是："所以堂堂正正的士子总是持守质朴醇厚之'道'，而绝不实行虚华无用之'礼'；他的居处行为总是那么忠厚朴实，而摒弃那些浮华浅薄之事。"

　　在老子的那个时代，礼已经演化为繁文缛节，拘锁人心，同时为争权者所盗用，成为剽窃名位的工具，所以老子抨击礼是"忠信之薄而乱之首"。老子一方面批评礼对人性的拘束，另一方面向往于道的境地——感情的自然流露而不受外在制约的境地。作为文明人，我们在处世时当然要讲究一些礼节，但是也不要忘了人与人之间的真情。总的来说，做人要厚道。

【原文】

> 知止不耻，知足不辱，与吾流浪湖海，战踢风涛。

【译注】

　　知道适可而止的人，不会因为做事过分而感到羞耻；知道满足的人，不会认为自己不如别人而感到耻辱。与我一起流浪江河湖海，战胜惊涛骇浪。

　　辑自休宁《汪氏统宗谱》卷168。

【感悟】

这是明成化嘉靖间休宁商人汪勋说的一句话。徽商从商的终极目是的为了生计、养亲和显亲,而不是纯粹的经济利益的驱动。因此当他们在商场上打拼致富后,特别是遭到不公平的打击后,往往选择重返故里,买田置产,所谓"以末致财,以本守之"。

【故事链接】

长期在商场上拼搏,尔虞我诈,远涉边陲,栉风沐雨,特别是遭到不法势力的欺压,政府的巧取豪夺,徽商渐感失望、疲惫,力不从心。儒家的乐天达命、知足不辱的保守思想也深深地影响着他们。因而,徽商往往在事业辉煌之际,心生归隐之意,原来锐意进取的情怀也渐趋消褪。"(江)南能公,字元表,号彦宣,玉吾公长子。……日后业醓淮南,致资累万。兄弟同居,不忍分析。"明末关津丛弊,九江关蠹李光宇等把持业务,盐舟纳料多方勒索,停泊羁留,屡遭覆溺,莫敢谁何。公毅然叩关陈其弊,奸蠹伏诛,而舟行者始无淹滞之患。至今公之名犹藉藉于江淮楚豫间。事载《盐法志》中。公缘此案,费用不赀,家业亦渐中落,乃退守田园,琴书自适,优游以终。(歙县《济阳江氏族谱》卷9《明处士南能公传》)

【延伸阅读】

徽商的进与退

徽商的进与退,不是以纯粹的利益驱动为转移,而是以儒家的"孝悌"伦理为归宿。徽商在致富之后,急于抽身,将大量的资本带回家乡,用于买田置产,修墓建祠,以作长久之计。徽商缺乏欧洲资本主义商人那种始终如一的进取之心、逐利之性,从某种程度上反映了徽商的封建性本质。在贾与儒之间,他们在服贾的同时,始终忘不了业儒的情结,最终视业儒为正道。这种业儒情结,无形中在思想上束缚了徽商的发展,使他们摆脱不了沉重的精神枷锁。

在与政府关系上,徽商忠于王权,维护王权,并与王权相互利用。他们之间既有互相利用也有矛盾。徽商以其极大的耐性忍受着来自王权的压榨,即便是忍无可忍,他们的反抗也是间接的、微弱的,反应了这一时期商人在政治上依赖性和软弱性。

在进与退之间,徽商虽具备了欧洲商业革命时期商人所具备的"冷静、刻苦、勤勉、努力"和所谓"清教徒"式的进取精神,但他们更多地倾向于强调社会责任感、家庭观念、家族观念、国家观念。

　　这些观念使得徽商将更多的精力转移到为社会、家庭、家族、国家服务上来，在一定程度上弱化了徽商的盈利之心，分散了他们财富的积累。他们更多承担了"社会人"角色，而非"经济人"的角色。"社会人"的责任感，冲淡了"经济人"的财富欲。

七、勤俭持家

【原文】

> 寿本乎①仁乐生于智，勤能补拙②俭可养③廉。

【译注】

①乎：于。②勤能补拙：意谓勤奋不懈可以弥补天生的笨拙。③养：陶冶。

意思是：仁爱能使人长寿，机智会令人快乐，勤劳可弥补笨拙，简朴可陶冶廉洁。此联出自安徽黄山市黟县西递村的敬爱堂、惇仁堂，旨在宣扬养身、修身之道。

辑自倪国强编著《黟县民间古楹联集萃》。

【感悟】

聪明人快乐，仁人长寿。为什么仁人长寿呢？

西汉哲学家、经学大师董仲舒作了言简意明的回答："仁人之所以多寿者，外无贪而内清净，心平和而不失中正，取天地之美以养其身。"（《春秋繁露·循天之道》）仁者之所以长寿，是因为仁者不贪恋身外之物，内心清净无欲，因此心平气和，保持着中正之道，取天地阴阳调和之气涵养身体。

在孔子看来，无论知（智）者、仁者，都是一种快乐优雅的人生境界。孔子云："知者不惑，仁者不忧。"（《论语·子罕》）仁者之所以快乐无忧，是因为仁者相信一个人只要以仁爱之心待人，别人也必将以仁爱之心待己。生活在这样一个充满仁爱的社会里的人，当然是快乐无忧的。

"勤能补拙"，意谓勤奋不懈可以弥补天生的笨拙。所谓廉就是不苟取、

不贪财货,立身清白有节操。养廉就是　　指养廉则要"以俭素为美"。
培养并保持廉洁的美德。俭可养廉是

【故事链接】

　　徽商大多重视货物质量,求取货真价实。徽商在经营文房四宝之一的徽墨时都强调那制作过程中的胶泥必须千锤打击以确保质量。又如"三伏酱油"在制作时要按规定工序露晒加工,不可贪图省事而偷工减料,影响其品质。

【延伸阅读】

　　《论语·雍也》:"知者乐水,仁者乐山。知者动,仁者静。知者乐,仁者寿。"意思是说,聪明人乐于水,仁人乐于山。聪明人活动,仁人沉静。聪明人快乐,仁人长寿。

　　唐司空图《大尉琅琊公河中生祠碑》曰:"均能劝勇,俭足养廉。"北宋邵雍《弄笔吟》曰:"人生所贵有精神,既有精神却不纯。弄假像真终是假,将勤补拙总输勤。"讲勤俭能补拙养廉的道理。清代钱泳《履园丛话·考索·动》指出:"凡事勤则成,懒则败。"

【原文】

> 读书好营商好效好便好,创业难守成难知难不难

【译注】

　　读书对自己有好处,耕田对自己也有好处,学习好的东西对自己都有好处。创业是艰难的,但守成更艰难,知道其中的难处就可以解决困难而没有艰难了。

　　辑自倪国强编著《黟县民间古楹联集萃》。

【感悟】

　　这副楹联,可以说是西递村内最负盛名的一副对子。上联教育人们,行行出状元,关键在于成效;下联告诫子孙,世上无易事,必须知难而上。全联运用排比手法,气势宏大。这副楹联生动地说明徽州商人对文化和教育的重视,将读书与创业(此处主要指经商)两者并重,甚至在某种程度上存在着读书重于业贾的思想。这既是儒家思想对徽商产生影响的体现,也充分表明了徽商重文重教的儒商本色。

【故事链接】

　　清乾隆年间,西递有个青年书生名叫胡瑞庭。此人饱读诗书,锦心绣口。他的父亲胡春泰在扬州经营着一个很大的瑞祥木行专营徽木材。但他只觉万般皆下品,唯有读书高。胡瑞庭十七岁时,被父亲强行带到扬州学做生意。可他本来就不是块经商的材料,商场毫无成就。他父亲也渐渐对其失去了信心。加上生意上的劳累,胡春泰五十岁时就去世了。那年胡瑞庭二十八岁,对父亲的死,他总有种说不出的难过。他觉得是自己经商无能,不能帮父亲分忧解难,才使父亲英年早逝。他开始更用心地去做生意,希望能以此告慰父亲的在天之灵。但没有经商天赋的他,不论怎样辛苦,生意都败落了。他自己也失去了信心,把生意交给了老管家胡天赐,自己仍然读他的书,作他的文章。

　　几年后的一个冬天,他在书房内看书,胡天赐进来让他到货仓去看货。每次回家运木材,时间都短,而这次胡天赐却去了很长时间,他便问缘故,胡天赐也就一五一十地说了出来。原来这次回到家乡黟县,胡天赐和以前一样让人四处收购木材,集中在一处准备装运,那天小少爷看到胡天赐在清点木材,不解地问:"天赐叔,为什么不把木材锯短,运出去?冬天农闲,四乡有很多懂木匠活的人都没事做,让他们把木材做成椅子、桌子的零部件,又方便运输,又能省钱,到了扬州一凑就行了。"开始胡天赐不觉得这办法怎样,只当是孩子信口开河,可晚上一想这小少爷的点子真的很好,第二天就决定按照小少爷的话做。胡瑞庭大发雷霆,骂着自己的儿子不务正业,不读书,要做生意。这次货物价格低廉,很快售完了,瑞祥木行赚了一笔。望着丰厚的利润,胡瑞庭很高兴,这时胡天赐小心地走上前说道:"老爷,有句话不知该讲不该讲?"胡瑞庭点了头,胡天赐大着胆子说:"老爷,你想想看,少爷大概真的是块经商的好材料,他从没接触过木材生意,就能想出这样的高招,真的是很不简单。我在家乡问过老师,说他不是块做学问的料,只会些数术,当年太老爷逼你学做生意,你又逼小少爷读书,小少爷的痛苦不跟你当年一样吗?"这番话,让胡瑞庭陷入了沉思。过了春节,胡瑞庭就把儿子带到扬州来学做生意。几年后,瑞祥木行在他儿子手上大放光彩。后来胡瑞庭在他六十大寿时写下了这幅对联,总结着自己的体会和心中的感受。

【延伸阅读】

宋元以后特别是明清时期的徽州,既是一个徽民"以贾代耕"、"寄命于商"的商贾活跃之区,又是一个"十户之村,不废诵读"的文风昌盛之乡。在历史上,贾与儒密切联结,成为徽州商帮的一大特色。传统世代的儒化徽商,一方面促进了徽州故地的儒学繁荣,另一方面反过来又借助于儒学对徽商的商业经营活动产生了深刻的历史影响。

徽商之所以"贾而好儒",一则因为商业自身发展的需要。由于在激烈竞争的市场上,商品与货币的运动错综交织,商品供求关系变化万端,作为商品经营者应有相关的商业知识和社会知识,才能正确分析和把握市场形势,当机立断以获厚利。同时,随着商业规模的不断扩大,同行业之间以及各行业之间的交往关系日益密切,这又需要商人具备一定的组织管理才干,方能在商海中大显身手。如此从贾就要与业儒结下不解之缘。二则因为商人有自我完善人性品格的追求。

【原文】

传家无别法非耕即读,裕后有良图惟俭与勤。

【译注】

传家没有别的方法,不是耕就是读;富裕后代,最好的打算就是勤劳和俭朴。作者用"无别法"与"有良图"对照比较,表达了主人对治家、传家的深切体会。

辑自倪国强编著《黟县民间古楹联集萃》。

【感悟】

徽商"贾而好儒",进一步促使商人与地方封建宗族势力粘合得更加紧密,而宗族观念极深的徽商大多乐意将其一部分商业利润资助于维护封建宗族统治的各种事业,这势必消耗了一部分可以用于扩大商业经营的资本,于是徽商资本的出路就多了一条刻着封建印记的渠道。总之,徽商这个商都的封建性更加牢固。而到清中叶以后,中国封建社会已经没落,维护封建统治的儒学儒术也更加趋于腐朽,徽商随之也就在外来资本和其他区域民族资本的冲击之下,无可挽回地走向衰落,最终成为中国商业历史上的一只"经济恐龙"。

【故事链接】

　　徽商勤劳节俭,往往以《货殖列传》所载的商界先贤为榜样,进行远途冒险经营。明嘉靖年间,徽商许秩就是读了《货殖列传》,不顾路途遥远,前往四川成都从事商业活动的。

【延伸阅读】

　　徽州素称"礼让之国",尤其在宋代新安理学兴盛之后,崇儒重学的风气日益炽烈,这样的社会环境致使徽商潜移默化地受到熏染和影响,加上徽商中许多人自幼就接受比较良好的儒学教育,孔孟儒家的思想说教、伦理道德,自然就成为他们立身行事、从商业贾奉守不渝的指南。在经商中,众多徽商总是忠诚立质,诚信为本,仁心济世,礼让待人,由道取财,以义为利,表现出儒道本色、人皆嘉许的商业道德。这样便造就了一批批受人敬佩的诚信儒商。

【原文】

惜衣惜食非为惜财缘惜福,求名求利但须求己莫求人。

【译注】

　　意思是:珍惜衣食绝非吝啬钱财,而是为了珍惜福分的缘故;要想获取名利,只能靠自己的努力,而不能乞求他人的帮助。

　　辑自倪国强编著《黟县民间古楹联集萃》。

【感悟】

　　要靠自己不懈努力才能取得一定　成绩。

【故事链接】

　　歙县闵氏，其仲子"丁年陆沉，其党讽之学贾曰：'其利速，无宁以于思而希　觊来。'"闵氏不想因为经商"利速"，而让儿子放弃正在攻读的儒业，为劝子克服急功近利的心理倾向，其曰："树木者芘非旦夕效也。"她以树木成材为喻，生动形象地说明了耐心等待的重要性和锲而不舍追求的必要性。

【延伸阅读】

　　徽州商人有"徽骆驼"精神，外出经商常常数年不归，不辞山高路远，虽山陬海隅，孤村僻壤，以至海外，亦无不涉足。

【原文】

> 凛①遗绪②于前人克勤克俭，善贻③谋于后嗣④学礼学诗。

【译注】

　　①凛：严肃。②绪：前人未竟的事业。③贻：赠送。④后嗣：子孙后代。

　　严肃地继承先辈的传统克勤克俭，良好的馈赠是教育后代学礼学诗。本联道出了主人的治家之道。

　　辑自倪国强编著《黟县民间古楹联集萃》。

【感悟】

　　先前史学家们在谈及徽商时，觉得他们身上有别于其他商帮的地方，是"左商右儒"，是说徽州人第一是经商，第二是考学。发家致富之后，他们普遍的做法是"左商右儒"，读书入仕变成他们又一个主攻目标。另外，徽商的可贵之处就是发迹之后,他们不是守财奴,不做金钱的奴隶而嗜钱如命。他们很有发展眼光,兴师重教,将大笔钱财投向教育:建学院、盖会馆、请名师,不惜重金培养下一代。

【故事链接】

歙人闵世章少孤贫,九岁辍学。长大后发愤自学,精通文史。一日读《史记·蔡泽传》,对蔡泽赤手而取富贵的事迹赞叹不绝,遂立志法其所为,只身奔赴扬州,为一家盐商管理账目。数年之间,他摸清了盐业的行情,于是自筹资金,独立经营,后来终于成为"家资百万"的大盐商。

【延伸阅读】

前文说过,徽商之所以"贾而好儒",是因为商业自身发展的需要。在激烈竞争的市场上,商品与货币的运动错综交织,商品供求关系变化万端,作为商品经营者应有相关的商业知识和社会知识,才能正确分析和把握市场形势,当机立断以获厚利。

【原文】

自浙溯①徽,其滩以百数。……予为此生理,经此百滩者,不知其若干数矣。赀②财躯命咸寄水面,它但言劳,而此生之惊虞③何可云喻!每下一滩,虽顺流而舟行如箭,又恐其失势不能仓卒救。上一滩虽无失势之危,而水逆且悍,挽夫④率抵首于地,舟人率以肩承棹⑤。挽与棹力齐而舟始行,少有不协,进不能尺寸而退已寻⑥丈外矣,噫!可畏也!予之成此徽业也艰难甚矣。

【译注】

①溯(sù):逆流而上。②赀(zī):同"资"。③虞(yú):忧虑。④挽夫:拉纤的

人。⑤棹(zhào):摇船的用具;桨。⑥寻:中国古代的一种长度单位,八尺为寻。

从浙江逆流而上有数以百计的险滩。……我为了生计,路过这些险滩不知多少次。所有的资本财富生命都寄托在水上,不用说劳累,今生的惊险忧虑更是无法比拟。每当顺流而下险滩的时候,顺流船的速度像箭一样飞快,但是担心船失去控制而无法救助。每当逆流而上险滩的时候没有失去控制的危险,但是逆流水湍急,纤夫都将头低到基本抵上大地,船夫都用肩膀担着桨,纤绳与桨平行,船才能向前行,稍微不协调,不但不能前进,反而会后退七八尺甚至一丈以外,唉,真是令人畏惧呀!我能够经商成功实在是太难了呀!

辑自明代金瑶《栗斋文集》《百滩汪翁传》。

【感悟】

休宁木商汪庆为让他的几个儿子明白创业之不易和谨身保家之重要,时常向诸子描述他生平从徽州贩木到浙江的艰险历程。

【故事链接】

在徽州《许氏家谱》中,还记载了一段更为感人的"家庭创业史":许氏家族中有一人名叫许道善,年轻时曾在清源经商,因为他善于经营,赢利累至千金,在当地商人中名列前茅。后来中途回家,商业随之中断,家中逐渐困顿。道善看着儿子们渐渐长大,于是决心复出经商。他命儿子永京主持家事,自己只身前往临清经商。不久,因遇骚乱,道善所带资金耗竭,又染病不愈,竟客死异乡。其子永京为了振兴家业,毅然继承父志,告别母亲与妻儿,循着父亲的足迹出外经营。没想到他这一去就是几十年,最后也是死于异乡。永京的儿子长大成人后,母亲拿出自己的私房钱,命他继续出门经商,完成爷爷和父亲未竟的事业。结果功夫不负有心人,许家终于在商业上获得成功,家业重新振兴起来。这样的事例在徽商中还有很多。

【延伸阅读】

"以布衣上交天子"的徽商

一位无任何官衔的"布衣"百姓,竟与皇帝交上朋友。这位布衣就是歙县大盐商江春。江春,字颖长,号鹤亭,又号广达,歙县江村人。家世业盐,寓居扬州,为清乾隆时期两淮八大总商之首。江春富比王侯,熟悉盐法,精通商务运筹,练达多能。在江春担任两淮总商的 50 年中,两淮盐业达到鼎盛,深得乾隆皇帝的器重。

乾隆皇帝六下江南,均由江春承办一切供应,筹划张罗接待。乾隆曾于金山行宫与江春奏对称旨,亲自卸佩荷囊,面赐佩带,晋秩内卿;并两次亲临江春别墅康山草堂,赐金玉古玩,题写"怡性堂"匾额。乾隆五十年(1785 年),江春等盐商献银 100 万两,庆贺乾隆登基 50 年大典。江春受邀赴千叟会,并与皇帝共同赴宴,受赐杖。江春任两淮总商期间,朝廷任命两淮盐运使,在出都赴任之前,例有向皇帝请训之举,乾隆面谕:"江广达老成,可与咨商。"江春还曾先后奉旨借币 50 万金。

江春一生,先后由布政使、奉宸苑卿等衔升至一品,赏戴孔雀翎。时谓江春"以布衣上交天子"。

【原文】

> 从事朴约,即不敢以侈美相奔趋。

【译注】

这句话的意思是,他们都朴素节约,也就是不敢互相攀比奢侈华美。

辑自明方承训《复出集》卷 33《张处士传》。

【感悟】

宋胡宏说:"修身以寡欲为要,行已以恭俭为先。"(《胡子知言·修身》)他认为,修身要以控制欲望为主,得体的行为要以恭俭为先决条件,修身养性应该做到节欲、谦逊、节俭。因此,为了修身,我们要简朴节约。

【故事链接】

在家庭教育中,家长的生活习惯、道德情操、价值取向、为人处世,甚至穿着打扮,对孩子的品德形成、个性养成都有十分重要的作用。可以说,家长的一举一动都在有意和无意间对孩子产生影响,正因为如此,明清徽商非常注重以身作则,给子弟树立有形的榜样。如歙县商人张凤鸣,"居家不营治室宇,每事事从俭约笺素",在他的带动下,其子弟"从事朴约,即不敢以侈美相奔趋"(明方承训

《复出集》卷33《张处士传》)。

【延伸阅读】

朱元璋的故乡凤阳,还流传着四菜一汤的歌谣:

"皇帝请客,四菜一汤,萝卜韭菜,着实甜香;小葱豆腐,意义深长,一清二白,贪官心慌。"

朱元璋给皇后过生日时,只用红萝卜、韭菜,青菜两碗,小葱豆腐汤,宴请众官员。而且约法三章:今后不论谁摆宴席,只许四菜一汤,谁若违反,严惩不贷。

【原文】

> 家居务为俭约,大富之家,日食不过一脔,贫者盂饭盘蔬而已。

【译注】

①脔(luán):切成小块的肉。

居家一定要节俭,富裕的人家一天也不过吃一小块肉,贫穷的人家只吃一碗饭一盘蔬菜。

【感悟】

韩非子说:"侈而惰者贫,而力而俭者富。"(《韩非子·显学》)意思是:"奢侈又懒惰的人贫穷,勤劳而又节俭的人富有。"这句话道出了中国古代的节俭观,他们把节俭作为衡量贫富的尺度,倡导节用、克俭。

【故事链接】

儒家礼教在徽州木雕中的主流地位

作为一种崇尚理性的、入世的、以伦理为本位的宗教,儒教的仁爱、忠信、孝道、礼义以及自强不息、厚德载物等教理教义,在现实生活中发挥着教化人心、去恶从善的作用,也已成为民间奉行的行为规范。在徽州木雕中,以儒家礼教为主题的作品可随手拈来。胡氏宗祠寝殿隔扇门绦环板上的"衣锦还乡"刻有儿子及第归来跪拜老母的感人画面。现存于安徽绩溪三雕博物馆的隔扇门木雕《二十四孝图》取材于中国民间的"孝行"传说,形式对仗、生动直观。

【延伸阅读】

图必有意,意必吉祥

吉祥文化是民间艺术中独具魅力的一部分。其造型元素以人物、花鸟、飞禽、瑞兽为多见;题材多以民间谚语及神话故事为主,并通过谐音、象征、表号等表现手法借景抒情、以物喻意,将人们企盼美好生活的情感和对生活的祝福充分表达出来。谐音是借不同事物在语音上的相同或相似来相互比附,达到传神达意的效果。例如:借猴寓"侯",表示官运;借鹿寓"禄",表示俸禄;借蝠寓"福",表示福气。象征则是以一种具体的形象指代某种抽象的含义或概念,从而附加人格化的意愿。例如:从莲花的物性与品性升华出"花之君子"、"出污泥而不染"的人物品格。表号是把某些无生命的事物形象在特定的文化氛围内加以几何化的抽象处理,使其形成规范而简洁的表示性符号,从而达到吉庆祥瑞的含义。

【原文】

> 性节俭,甘淡泊,饮食服御宁不如人,惟孜孜勤苦于栉风沐雨中,炼成一生事业。

【译注】

这句话讲的是,绩溪人汪可越生性节俭,甘愿淡泊,宁愿衣食住行都不如别

人，只是在风风雨雨中勤劳苦干，炼成了一生的事业。

辑自《绩溪汪氏宗谱·饮宾宁静翁传》。

【感悟】

唐白居易说："奢者狼藉俭者安，一凶一吉在眼前。"意思是："奢侈的人会招来破败，节俭的人会得到安康，一凶一吉就在眼前，来得很快。"

【故事链接】

明弘治《徽州府志》记载："黟俗俭而好礼，啬啬而负气，家货累万，垂老不衣锦帛。""山谷民衣冠至百年不变。"所以顾炎武评论："新安勤俭甲天下，故富亦甲天下。"他说徽州青衿士虽千金之家，"赴京试短褐至口，芒鞋跳足，以一伞自携，而啬舆马之费"。他总的印象是"徽州四民咸朴茂"。在创业阶段，一个竹菜筒从新安江吃到杭州，吃一两个月，这在徽商中并不是笑话。

【延伸阅读】

徽州木雕艺术中体现"忠"，这一儒家思想的作品有《岳母刺字》；体现"节"的有《杨家将》、《戚家军》；体现"义"的有《周仁献嫂》、《桃园三结义》、《苏武牧羊》、《赵子龙救孤》等。《金榜题名》、《状元及第》、《蟾宫折桂》、《天官赐福》等则是坚持"官本位"儒家思想的具体体现，是徽商心灵深处的一种渴望和向往。

八、孝 悌 传 家

【原文】

惟孝惟忠聪听祖考①彝训②，克勤克俭先知稼穑③艰难。

【译注】

①祖考：泛指祖先。②彝（音 yí）训：日常的训诫。③稼穑：音 jiàsè，泛指农业生产劳动。

本联的大意是，要明于听取、辨察祖先的教导与告诫，只有这样，才能尽忠尽孝，做到忠孝双全；要认真体验耕作中的辛勤与劳苦，只有这样，才能做到勤俭节约。

辑自倪国强编著《黟县民间古楹联集萃》。

【感悟】

徽商以勤奋和吃苦耐劳而著称。大多徽商是从小本起家，在外经营，三年一归，新婚离别，习以故常，克服了种种不利因素，经过了一番奋斗拼搏，最后才建立了自己的基业，成为富商大贾的。"致富思源"，他们大多数人特别珍惜得来不易的财富。因此，他们虽然致富，但日常生活仍旧保持在家时的艰苦朴素的作风。不仅如此，他们还以艰苦朴素的勤俭精神教育子孙。

【故事链接】

歙县商人汪佩，年轻时因家庭贫困，遵父命弃儒就贾，以供养两个弟弟学习儒业。后来其大弟未中县学，也准备弃儒就贾。汪佩劝导他说："夫农之望岁，固也。奈何以岁一不登而辍耕乎？且吾业已悔之，汝复蹈吾悔耶?"把一次科场失利喻作农民的一年歉收，以告诫其弟不可弃儒，顿时提高了其弟的觉悟，于是其弟"感公言，趣归发愤，卒有文名"。

【延伸阅读】

胡适先生曾经把徽商百折不挠的创业精神誉为"徽骆驼精神"。徽商的巨大成功与这种精神是分不开的，他们不辞劳苦，打破传统安土重迁观念，"无远弗届"，"走死地如骛"，乃至"数年不归"。从前徽州人送子外出习商当学徒，都要叮嘱儿子好好干，不能做"茴香豆腐干"。婺剧《对课》中"八仙"之一的吕洞宾，唱着要买"游子思亲一钱七"（药谜），而杭州女子白牡丹则随即揭开谜底，曰："有道是游子思亲当回乡（茴香）"。显然，"茴香"的谐音也就是"回乡"，在徽州亦即失业的代名词。徽州人什么买卖都做，唯有两样东西最为忌讳：一是茴香，二是萝卜干——"萝卜"是因其谐音"落泊"。

【原文】

> 孝弟①传家根本，诗书②经世文章。

【译注】

①弟：读作 tì，与悌通用，敬爱兄长意。②诗书：指《诗经》、《尚书》等儒家经典著作。

孝敬父母、尊敬兄长是家庭和睦兴旺、代代相传之根本；《诗经》、《尚书》等书籍是治理社会的经典。这里在告诫子孙后代不仅要做到孝悌，而且还要认真读书。

辑自倪国强编著《黟县民间古楹联集萃》。

【感悟】

徽商不仅重视治家之道，还重视教　育。他们以"贾者力生，儒者力学"为基点,竭力发挥"贾为厚利,儒为名高"的社会功能,将二者很好地结合而集于一身,迭相为用,张贾以获利,张儒以求名。

【故事链接】

江应全在外出经商的时候,虽然乘舟或驾车在路上,也时常手上拿着书一卷,通过阅读广泛了解古与今、闲与不肖、治理与动乱、兴与亡的事迹。在经商过程中遇到类似的事情他以史为鉴,忍耐、吃苦、奋发图强,身体力行,丝毫不敢疏忽,因此大受益处而发家致富。

【延伸阅读】

徽商有的是在实践中雅好诗书,好儒重学,"贾名而儒行",抑或老而归儒,甚而至于在从贾致富使"家业隆起"之后弃贾就儒。有的在从贾之前就曾知晓诗书,粗通翰墨,从贾之后尚好学不倦,蔼然有儒者气象。有的则劝令子弟"业儒"攻读,以期张儒亢宗。于是徽商之家,多重视教育,认为如果不注重教育,即使挣得再多的财富对于光宗耀祖也没有多大益处,因此往往不惜用大量钱财聘请名师教育子弟,盼望子弟能够"擢高第,登仕籍",从而振家声,光门楣。与此同时,不少徽商还毫不吝惜地输金捐银,资助建书院,兴私塾办义学,以"振兴文教"。

进入清朝后,在两淮的徽州盐商中,培养子弟"习举子业"蔚然成风。康熙年间,歙人吴从殷在扬州创建存园,"仿闱中号舍数十楹,每乡举之年,联同人遴日课题,以闲习之。其子蔚起终南捷径,后为御史"〔王逢源《江都县续志(卷5)·古迹》〕。康熙时,两淮盐务总商程量入,子孙数百人"成进士,官中外者弗绝"(高士钥:《江都县志》卷22《·笃行》)。

【原文】

> 忠厚留有余地步,和平①养②无限天机。

【译注】

①和平:和睦。②养:蓄养,抚养。

此联应读为:忠厚/留/有余/地步,和平/养/无限/天机。意思是:忠厚待人,就会有广阔的天地;和睦处世,就能获得更多的机遇。

辑自倪国强编著《黟县民间古楹联集萃》。

【感悟】

大量徽商发财致富后,以种种"义行"、"义举"来奉献社会。徽商由于"贾而好儒",因而绝大多数人在经商活动中比较重视人文精神、讲求理性追求。虽然致富,但他们依然自奉俭约,克勤克俭。不过一旦当他们面对国难民困或旱荒水灾时,却又会慷慨解囊,将财富奉献给社会。

【故事链接】

明时,婺源商人詹景端,积德行善,忠厚待人。有次经商时运米四千二百石至上饶。时值岁歉,到处都是饥民,饿死的不计其数,詹景端将米全部捐出来,济贫扶困,救活了很多人,当地的百姓为了纪念他,树了一块石碑,上刻铭文,以颂扬他的恩德。

【延伸阅读】

为了公众的利益,徽商能做到抛千金而不惜。这是徽商与其他商人的不同之处。

【原文】

复梦周公①志共千秋不朽,德称泰伯②愿同百世弥光。

【译注】

周公,周武王之弟,姬姓名旦,辅助武王灭纣,建周王制,封于鲁。周武王子成王年幼,周公摄政,平定作乱,是西周初年著名的政治家。②泰伯,又作太伯,周太王长子。知太王欲立有贤子昌(即周文王)的幼弟季历后,为免于争端,就与弟仲雍同避江南,文身断发,改成土著风俗。当地居民慕其德义,归从者千余家,成为吴国统治家族的始祖。

本联赞美敬兄爱弟的美德,颂扬深明大义的"志"与"愿"能够千秋不朽,可以百世弥光。

辑自倪国强编著《黟县民间古楹联集萃》。

【感悟】

徽商是以血缘和地缘为纽带结成的商帮团体。遍布各地的徽州会馆、同业公所的建立,就突出体现了这种精神,从而大大地强化了徽州商帮内部的凝聚力,提高了市场竞争力。

"美不美,家乡水;亲不亲,故乡人。"有着共同血缘或者地缘关系的徽商,有着很强的亲缘和地缘认同意识。在人生地不熟的异乡外地,不期然碰见了同族人或者家乡人,徽商往往会兴奋得忘乎所以。这种固有的"乡谊观念"

和"宗族意识",形成了徽商以众帮众、相互提携的传统。

在徽商的乡族观念中包含着约定俗成的道德观念和带有强制性的宗族族规,这些使徽商彼此之间有着很强烈的患难与共意识。这种意识客观上成为徽商之间信息传递的动力泉源。一首绩溪民谣这样唱道:有生意,就停留,没生意,去苏州。跑来拐去到上海,托亲求友寻码头。同乡肯顾爱,答应给收留。

【故事链接】

有位徽商叫许孟洁,亲族观念极强,他在外生意做得非常红火,于是亲戚朋友纷纷去投靠他。凡来投靠者,他都加以提携,于是他的亲戚朋友也就个个致富。从这里我们可以看出徽商宗族之间是何等的休戚与共!

【延伸阅读】

千人同心,则得千人之力;万人异心,则无一人之用。相互提携自然也就形成了一种团队精神,在商场竞争中造成了一个集体优势。

近代徽州人胡适早就认识到徽商宗族团体的优势,他听说家乡绩溪准备编纂县志时,就说:"县志应该注重县里人移动转徙经商的分布与历史,县志不能够只见小绩溪,而不看见那更重要的'大绩溪',若无那大绩溪,小绩溪早已不成个局面。"胡适所说的"大绩溪"实际上就是靠宗族纽带联系的散落于各地经商的绩溪人团体。宗族意识隐含的强制性在这里起着关键性作用。正是由于徽商

083

具有强大的团队精神,他们在挫败竞争对手后,凭自身实力往往进一步变一般经营为垄断经营,谋取高额利润。如两淮的盐业、北京的茶业、松江的布业等,差不多都是由徽商垄断的。

【原文】

> 诗书执①礼,孝弟力②田。

【译注】

①执:坚持。②力:努力。

意思是:读诗书,遵礼仪,行孝悌,力耕田。作者运用八个字,两两相对,道出了修身、治家的经验。

辑自倪国强编著《黟县民间古楹联集萃》。

【感悟】

徽州素称"礼让之国",尤其在宋代新安理学兴盛之后,崇儒重学的风气日益炽烈,这样的社会环境致使徽商潜移默化地受到熏染和影响,加上徽商中许多人自幼就接受比较良好的儒学教育,孔孟儒家的思想说教、伦理道德,自然就成为他们立身行事、从商业贾奉守不渝的指南。

【故事链接】

明代歙县商人郑孔曼,出门必携书籍,供做生意间隙时阅读。他每到一个地方,商务余暇当即拜会该地文人学士,与其结伴游山玩水、唱和应对,留下了大量篇章。同乡人郑作,也嗜书成癖,他在四处经商时,人们时常见他"挟束书,而弄舟",乘船的时候也不忘看书。所以认识郑作的人,背后议论他说:他虽然是个商人,但实在不像商人的样子。还有歙县西溪南的吴养春,是明代万历年间雄资两淮的显赫巨贾,祖宗三代书香袅袅,家筑藏书阁,终岁苦读。日本侵入高丽(朝鲜)时,朝廷出兵援助,其祖父吴守礼输银三十万两,皇赐"徽任郎光禄寺署正";其父吴时俸,皇赐"文华殿中书舍人"。他和兄弟三人也同被赐赠,史书曾有"一日五中书"之称。

【延伸阅读】

宋元以后特别是明清时期的徽州,既是一个徽民"以贾代耕"、"寄命于商"的商贾活跃之区,又是一个"十户之村,不废诵读"的文风昌盛之乡。在历史上,贾与儒密切联结,成为徽州商帮的一大特色。传统世代的儒化徽商,一方面促进了徽州故地的儒学繁荣,另一方面反过来又借助儒学对徽商的商业经营活动产生深刻的历史影响。

【原文】

万户(翁父汪新)命翁受儒业,即励志于学;已命贾,即执劳无倦。……父令析著,先诸兄弟而后其人,孺人(翁妻)惟诺无违。

【译注】

父亲命令他习儒,他就勤奋地习儒;父亲命令他经商,他就不知疲倦地经商。……向众人传达父亲的命令,兄弟、其他人,甚至妻子也不能违抗。

辑自张海鹏、王廷元主编《明清徽商资料选编》。

【感悟】

徽商家庭中的家长具有无上的权威,支配着子弟的一切,包括就业、事业以至婚姻的选择等方面。

【故事链接】

歙县商人孙玄积为家中长子,一开始因为孙玄积是家中的长子,父亲命令他习儒,他弟弟经商当家,他没有反对;不久,他弟弟去世了,他父亲又命令他弃儒经商。面对父亲的安排,孙玄积是毫不犹豫,绝对地服从,他回答父亲道:"文纬惧不共,敢不惟命!"于是,抛弃自己钟情的儒业,"次雷上(浙江吴兴),休故业而息之,十一取赢",最终成就了一番事业。

【延伸阅读】

明清徽商有完全操控自己子弟的权力,而且其子弟也相应认同这一操控权的合法性,奉"父母命不可违"为不可逆转的法则。当然在这种情况下,如果明清徽商以充分了解子弟的个性、能力及喜好为前提,利用家长的权威为子弟做最为恰当的安排,那么他们对子弟的口头命令和约束也能取得有益的教育效果。这种纯粹的上令下行的强制方式就不可避免地带有盲目、粗暴的色彩,因为徽州人孝悌的个性,不忍违背父母之命,又勤俭不辞劳苦,所以不论从事什么职业,大多终究不负父母之殷切期望。

【原文】

由吾自曾大父①以上历十有五世,率孝悌力田。

【译注】

①曾大父:曾祖父。

我家自曾祖父以上,大多是讲究孝悌而勤苦耕田的。

辑自汪道昆《太函集》卷17《寿十弟及耆序》。

【感悟】

明朝中后期,社会心理层面上,商业仍被目为"业"。"余惟乡俗不儒则贾,卑议率左儒而贾。"(汪道昆《太函集》卷61《明处士休宁程长公墓表》)商人经商致富以后,仍认为自己从事的是"锥刀"末业,终觉不如"孝悌力田"致富来得光辉荣耀和底气十足。

【故事链接】

众所周知，徽州"保界深阻，地褊而硗"(汪道昆《太函集》卷17《寿域篇为长者王封君寿》)，"不适合业农，以谷量人，尽土之毛，不足以供什一"(汪道昆《太函集》卷62《明故处士新塘吴君墓表》)。舍农而从商，理由极为充分。然商人业商，总有些"负于耕"的心理。《太函集》中，都要不厌其烦地标榜本人或其祖上的"孝悌力田"纪录："由吾(明歙人汪道昆)自曾大父而上历十有五世，率孝悌力田。"(汪道昆《太函集》卷17《寿十弟及耆序》)"(汪道昆之先大母)尝乘间告大父曰：'君家世孝悌力田善矣。'"(汪道昆《太函集》卷43《先大母状》)"(江)次公即孝悌力田"(汪道昆《太函集》卷45《明处士江次公墓志铭》)。

由此可见，徽商业商，虽然致富，然而，社会心理层面关于"士农工商"的序列，带来商人心中永远的痛。富有的商人，还是不得不艳羡"业农务本"在社会上的根深蒂固的尊荣。

【延伸阅读】

祠堂是精神家园与家族活动中心。在徽州三绝中，祠堂是很有代表性的。徽州保存有各家大姓的总祠、宗祠、支祠、家祠。作为受理学影响家族制度根深蒂固的地区，徽州人非常重视自己根在哪里。历史上，中原人三次大规模迁入徽州，都是源于政治战乱。那些士族与宦官来到徽州之后，为了在自然和社会环境中生存，他们认识到保存本族本性的凝聚力的重要性。聚族而居，祠堂便成为维系并强化这种关系的最好的方式。

宗祠是家族的标志，是象征与维系家族利益的精神纽带。徽州人在与同姓人交谈时常用的一句话就是："都是一个祠堂的。"徽州有程、汪、吴、黄、胡、王、李、方"八大姓"，此外，还有洪、余、鲍、戴、曹、江、孙七个"次大姓"，统称"新安十五姓"，这十五姓几乎主宰了全徽州，在外的徽州人也以这些姓氏为主。

祠堂是尊祖祭祖的圣殿，是宣扬礼教的讲坛。祠堂最盛大的仪式就是每年春、冬举行的祭祀活动。一般，祭礼那天，各家男丁都要身穿礼服，在家长的带领下绕村一周，再入祠堂。祠堂内安放列祖列宗牌位，摆设祭品，张灯结彩。祭典开始后，鼓乐齐鸣，香烟缭绕。族长主祭，并宣读祖训宗规。仪式的最高潮就是"分胙"，也就是本姓族人共享祖宗的祭品，子孙们都为能得到祖先的恩赐而翘首。但这也不是每个人都有份的，凡违反族规的叛逆者就吃不到，人们称之为"停胙"，这是对不肖子孙的最大的侮辱。

家祠里最重要的活动就是"会谱"。为了保证家族的血统纯正，徽州人很注重修谱立传。朱熹认为："三世不修谱，则为不孝。"他把修家谱当成大是大非的原则问题加以强调。历代徽州各大姓氏修谱成风,各种《家谱》、《支谱》、《族谱》、《世谱》、《通谱》、《宗谱》、《统宗谱》应运而生。对于各支分类编辑的《族谱》,宗族要进行审核才可付梓印刷,印后各谱统一编号,各支族子孙怀揣孤版《族谱》作为身世的凭证。为防假冒,还要毁弃原版。还规定每年祭祖时须持家谱到"统祠"会谱,确认后才可以本姓子孙自居。宗祠是族长的私衙,是执行家法的场所。古祠堂是传统徽州人的家庙,更是徽派传统建筑的代表。无论从建筑规制还是用材用料以及精工细做上,都体现了徽派建筑的最高建筑水平。

九、背恶向善

欲高门第须为善，要好儿孙必读书。

【译注】

要想提高家里的门第需要为善，要想做好儿孙一定要读书。这副楹联言简意赅道出了积善与读书的重要性。

辑自倪国强编著《黟县民间古楹联集萃》。

【感悟】

良好的文化氛围，在经商活动中的作用非同小可。而早期的徽州商人主要经营"文房四宝"及茶叶、木材等，可谓与文化有着不解的渊源。这一点是其他商帮不可比拟的。

【故事链接】

明代徽商黄崇德，是一位通经史的商人，起初他有志于举业，后挟带资金于外经商，一年之中盈利数倍，成为大贾。再如黄莹、许秩、鲍鸣歧、闵世章等皆是儒商。

【延伸阅读】

徽州楹联"二字箴言惟勤惟俭，两条正路曰读曰耕"、"先王要道礼乐诗书，圣贤格言布帛菽粟"等，意在强调为善与读书的重要性。

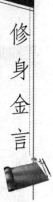

方志称徽州"人文郁起,为海内之望,郁郁乎盛矣"。据康熙《徽州府志》记载,当时徽州有社学562所,县塾5所,各家族的塾学就更多。徽州出现了"人物之多,文学之盛,称于天下"的壮观景象,以至"名臣辈出"。据统计,徽属六县中举人者在明为298名,清有698名;中进士者,明有392名,清有226名。众多子弟蟾宫折桂、游历魁台,在徽州流传不少科举佳话。如"连科三殿撰,十里四翰林";"兄弟九进士,四尚书者,一榜十九进士者";"一科同郡两元者"等等。在氤氲儒学氛围中崛起的徽商,自然与儒学有不解之缘,他们希望业儒入仕应是情理之事。

【原文】

非关因果方为善,不为科名始读书。

【译注】

不是为了因果关系才去做善事,不是为了科举功名才开始读书。

辑自《艺文·人物·胡君春帆传》。

【感悟】

这是黟县商人胡春帆经常对儿子说的一句话,以提醒其子不要带着功利性目标去读书。考取功名不是读书的最终目的,明理才是读书的最终目的。

【故事链接】

——张广厚吃书。数学家张广厚有一次看到了一篇关于亏值的论文,觉得对自己的研究工作有用处,就一遍又一遍地反复阅读。这篇论文共20多页,他反反复复地念了半年多。因为经常反复翻摸,洁白的书页上,留下一条明显的黑印。他的妻子对他开玩笑说,这哪叫念书啊,简直是吃书。

——华罗庚猜书。著名数学家华罗庚读书的方法与众不同。他拿到一本书,不是翻开从头至尾地读,而是对着书思考一会,然后闭目静思。他猜想书的谋篇布局,斟酌完毕再打开书,如果作者的思路与自己猜想的一致,他就不再读了。华罗庚这种猜读法不仅节省了读书时间，而且培养了自己的思维力和想象力，不至于使自己沦为书的奴隶。

关于读书的故事有很多，以上两个故事告诉我们，既要爱好读书，又要讲究读书方法，该精读的就要反复研读，该泛读的就要泛读，以免浪费时间。

【延伸阅读】

佛教《三世因果经》讲：一是人的命是自己造就的；二是怎样为自己造一个好命；三是行善积德与行凶作恶干坏事的因果循环报应规律。《涅槃经》讲："业有三报，一现报，现作善恶之报，现受苦乐之报；二生报，或前生作业今生报，或今生作业来生报；三速报，眼前作业，目下受报。"人们知道佛教教育中业有三报的道理，便知道干坏事作恶之人，终有报应。我们要做到多行善积德，不干坏事而终会得到福报。

为善的最高境界是，不因为有所谓的因果报应而为善；读书的最高境界是，不因为要考取功名而读书。两者的共同点是都不带有功利性。

【原文】

> 莫谓人不见，须知天理昭彰，近报己身，远报儿孙。

【译注】

这句话的意思是，不要说别人看不见，一定要知道天网恢恢疏而不漏，因果报应近的会出现在自己身上，远的会出现在儿孙身上。

辑自《胡庆余堂雪记丸散全集·序言》。

【感悟】

这是《胡庆余堂雪记丸散全集·序言》中的一句话，道理浅显易懂，告诫人们，不管有没有因果报应，不管你相不相信因果报应，都不能逃脱有因必有果、种瓜得瓜、种豆得豆这些必然规律。这种规律虽然不一定马上显现出

来,但是一定会或迟或早地出现的。因 此一定要为善,不能为恶。

【故事链接】

　　从另一个角度来看,这也是佛教"以人为终极关怀"理念在商业中的应用结果。在这方面最典型的莫过于胡雪岩,他正是迎合人们关怀来世的心理,为"戒欺"这一商业精神披上"造福冥冥"、"善自为谋"的宗教外衣。胡庆余堂运用一些有因果报应意味的警句,唤起药工们的惊惧意识;把佛教"因果轮回"、"福祸报应"的教义运用到经营准则上,以此保证药品质量,销售地道药材。也正是秉承这种"戒欺"诚信,最终使得胡庆余堂的规模及影响程度远胜杭州"许广和"与"叶种德"两家老字号,一跃成为独步江南、闻名遐迩的大药店。

【延伸阅读】

佃仆制

　　具有严格隶属关系的租佃制度,明清时期流行于安徽、江苏、浙江、湖南、湖北、河南、广东、福建等省的某些地区,徽州尤为盛行。佃仆有时被称作地仆、庄仆、庄人、住佃、庄佃、火(伙)佃、佃民、伴当、佃童等,另外还有祁门的庄户,黟县、休宁的小户、小姓,歙县的底下人,绩溪的祝活,以及查湾的郎户和小户之称,这都是性质相同的名称。郎户亦称拳头庄,小户又以承担的劳役而赋予不同的名称,诸如守坟庄、包袱庄、抬棺木庄、龙灯庄、吹打庄、道士庄、火把庄、挑担庄、抬轿庄、粮仓庄、守夜庄、守木庄、修房庄、搭戏台庄等,庄是庄仆的省称。

【原文】

> 汝励志读书,勉力为人,凡遇善事力稍能为即为之,俟有余而后济人,嗟何及矣?

【译注】

　　这句话的意思是,你要立志读书,努力做人,只要遇到力所能及的善事就要去做,等到自己很有钱的时候再去救济别人,哪还来得及呢?

辑自同治《黟县三志》卷 15《艺文·人物类·孙君熙存墓志铭》。

【感悟】

这句话告诉我们要及时行善，不要以自己能力有限为借口不去行善。正如孟子曰："挟太山以超北海，语人曰'我不能'，是诚不能也。为长者折枝，语人曰'我不能'，是不为也，非不能也。"（《孟子·梁惠王上》）意思是，孟子说："要一个人把泰山夹在胳膊下跳过北海，这人告诉人说：'我做不到。'这是真的做不到。要一个人为老年人折一根树枝，这人告诉人说：'我做不到。'这是不愿意做，而不是做不到。"

【故事链接】

以身示范教子

身教即以身示范是明清徽商之家最经常运用的教子方式之一。他们在家庭教育实践中领悟到："言传"固不可少，"身教"更为重要。身教的说服力和感召力在于身教的直观形象性。家长亲自为孩子树立起有形的榜样，不仅生动具体，而且真切可感，易为孩子理解和模仿，这就要比有声有色的说教作用更大。身教还具有自然渗透性。在家庭中，家长是孩子最经常接触的对象，他们在日常生活中为孩子作表率，形成上行下效的"风化"，可以在潜移默化中起到不言而教的作用。处处以身作则，还会进一步提高家长在孩子心目中的威望，有威信的家长能够获得孩子的敬重和爱戴，孩子乐于接受他们的各种影响和教育，对他们心服口服，言听计从，并视其为理想的榜样和行为的楷模，产生模仿的意向，在这种充分和谐的境界下，教育上升到内化的层次，自然有利于成效的较快提高。因此，在处理日常生活的各方面事务时，徽商家庭都特别注意"正身率下"，时时、处处、事事为子弟作示范。

【延伸阅读】

寓教于日常生活

——克勤克俭。汪青城"体素羸，劳苦早衰"，但他"精勤弗自安逸"。他还生活淡泊，"自奉清约，一岁中茹蔬之日居大半，一罗四十年垢敝不忍易"，"只字粒米不弃于地"。当儿子们"间以为请"，劝他享受生活时，他却说："是吾素所安也。"可见勤俭已成为他一贯的生活作风。勤可以成业，俭可以养德，教子养成勤俭美德，不仅可使儿子终生受益，而且能让家庭保持长久的兴旺发达。

——好学不倦。汪青城虽为贾人，但钟情于儒业。他"博览史传，喜吟诗，尝病疡呻吟床箦间，犹手唐诗一编不置"。在近50年的经商生涯中，他不能专攻儒业，可是"篷窗旅舍未尝一日废书"，"所录老杜五七言诗两巨帙，皆客途舟次笔也"。晚年他还浏览明人文集，并编辑《明文会心录》十二卷。青城对儒业的喜好既提高了自身的文化素质，又对儿子的志趣、爱好产生极大影响，在无形中促使儿子对文化知识感兴趣，并养成勤奋好学的习惯。

汪青城把教育渗透到日常生活当中，在品德修养、生活作风、学习态度等方面为子树立榜样，生动、具体而又真切，在潜移默化中使儿子受到影响，使其子相观而化、自然似之。而且他处处以身作则，又进一步提高了他在儿子心目中的威望，这能让儿子心悦诚服地尊奉父命，从而取得更为显著的教育成效。

【原文】

> 居家俭而好施。

【译注】

勤俭持家，乐善好施。

辑自《黟县三志》卷7《人物志·尚义》。

【感悟】

在家节俭，节省出来的钱用于修书院，施钱、粥、药，济困扶危，急公好义。徽商致富之后多乐为公益，并能于急难中乐于助人。

【故事链接】

歙县商人黄玄赐"慕义如渴，尝值边境告缺军食，诏募民实粟塞下，公慨然输粟二千石给边","至于族党邻里,有匮乏者,辄挥金不靳"(歙县《竦塘黄氏宗谱》卷6《黄公玄赐传》)。婺源商人洪胜从外地回乡后,"见祠宇之待葺,祀田之未置也,毅然引为己任"(婺源《敦煌洪氏统宗谱》卷59《福溪雅轩先生传》)。上文提到的舒遵刚,"居家俭而好施,在饶州倡修朱文公书院,倡施钱粥药慝,以救水灾疫患,饶人交利之"(《黟县三志》卷7《人物志·尚义》)。

【延伸阅读】

　　木雕艺术有别于绘画艺术,它以刀代笔,立足于一个"雕"字。圆雕、浅浮雕、深浮雕、镂空雕、镶嵌雕以及线雕等不同工艺在雕刻过程中会根据不同需求而有所调整。在动工之前,设计者一般会对梁枋、梁架、斗拱、雀替等建筑构件的雕刻进行整体规划,即对它们的造型、构图、工艺以及安装后的视觉效果进行全盘考虑。这是因为它们需雕成后方能安装。例如:徽州古民居为内向结构,木雕大多集中在天井四周,来自头顶上方的那一束像井口一样的天光成为欣赏木雕的唯一光源。受这一条件的限制,必须将上面部分挖深用来雕刻人物的头、手、胸,这种处理可以借助于自上而下的光源突出人物形象,并使整幅画面产生斑驳有致、若隐若现的艺术效果(俞宏理《中国徽州木雕——人物集》)。在具体创作中,通常先采用阳刻的手法将一块或一组图形雕于同一个平面上,再依据画面的结构以及雕刻材料的具体情况逐渐递增加深层次,使得画面富有变化且整体感很强。造型上,它们借助祥禽瑞兽、戏剧人物等艺术形象烘托出建筑的威严、庄重与华美;工艺上,梁、枋等构件由于承担负重的功能,多以浮雕及线雕工艺为主;而斗拱和雀替等构件除了支撑作用以外,还较为灵活地运用半圆雕、镂空雕、深浮雕等雕刻工艺以展示建筑的丰富性。其他如门楣、隔扇、花板、栏杆等处为细木作,其雕刻工艺风格多样,浮雕、线雕、镂空雕、镶嵌雕等应有尽有。

【原文】

造桥梁,修道路,乐善好施,乡人怀其德。

【译注】

　　建造桥梁,修建道路,乐善好施,乡人都感念他的高尚品德。

辑自歙县《丰南志》。

【感悟】

孔子说："君子尊贤而容众，嘉善而矜不能。"(《论语·子张》)矜(jīn)指同情。君子尊重贤人而且能团结普通人，赞美能人但又能同情能力低的人。

【故事链接】

至今尚存"景泰七年岁次丙子十一月十八日甲申吉辰重建绿绕亭以便休憩吴斯和乐造"题记的歙县绿绕亭，据歙县《丰南志》记载，该亭系行商吴斯和与其弟吴斯能合建。

【延伸阅读】

在中国历史上还没有哪一个商帮像徽商那样对社会公益事业如此关心，并蔚成风气，代代相传。他们建祠堂，修坟墓，广置族田、义田，救济本族或家乡穷人。"汪光晁，歙人，以服贾致裕。专务利济，族中茕苦者，计月给粟。设茶场以待行李，制棉絮以给无衣，施医药以治病人，设义馆以教无力延师者，岁费凡数百金。又每岁施棺，行之数十年，所费以万计。"

【原文】

> 地者，非人力可谋致，实心德所裁[栽]培，君家世有令德，不患无吉壤也，请姑待之。

【译注】

地，不是人力就能使它获得丰收，还要用心栽培；您家世代有美德，不要担心没有富饶的土壤，请暂且等待吧。

辑自《詹氏宗谱》卷首二。

【感悟】

荀子说："与人善言，暖于布帛；伤人以言，深于矛戟。"（《荀子·荣辱》）意思是："向别人说一些美好的言辞，比给他穿件衣服还要温暖；用言语来伤害人，比用矛戟刺得还要厉害。"在任何时候都不能对别人使用侮辱性的语言，要记住恶语伤人的道理。

【故事链接】

歙县盐商鲍志道，崇尚勤俭，所积家私却不吝施予。如扬州自康山以西至钞关北抵小东门地洼，下街衢水易积，他购砖石为之；在扬州建十二门义学，供贫家子弟就读；在京师助修扬州会馆，为往来商旅安排食宿、存放货物。其子鲍漱芳，也曾是以义举卓著而闻名朝野。嘉庆十年（1806）夏，洪泽盛涨，决车逻五里诸霸；暨十一年，淮黄异涨，漫溢邵伯镇之荷花塘，他先后创捐米六万石，麦四万石，于各邑设厂煮食，以赈灾民；方义坝决堤，倡捐柴料四百万斤，应高堰抢险之急。"……秋后，全河溜势，将改由六塘河从开山归海，漱芳集众输银三百万两，以佐工需。"（铁保：《两淮盐法志（卷十七）·借币》）"疏浚芒稻河，捐银六万两；助浚沙河闸，再捐银五千两。"〔张海鹏，王廷元：《明清徽商资料选编（卷九）·歙县志·人物志·义行》〕嘉庆皇帝深嘉其行，于十九年五月御题"乐善好施"扁额，并在其故乡建坊旌表。

【延伸阅读】

胡开文，字柱臣，号在丰，著名徽商，徽墨行家，"胡开文"墨业创始人，清代乾隆时制墨名手。因师从徽州休宁汪启茂，因而是休宁派墨匠后起之秀。先于休宁、屯溪两处开设"胡开文墨店"，到20世纪30年代，"胡开文"得到迅猛发展，除休宁胡开文墨庄、屯溪首起胡开文老店外，先后在歙县、扬州、杭州、上海、汉口、长沙、九江、安庆、南京等地，或设分店，或开新店，其经营范围几覆盖大江南北，至此徽州制墨业呈胡开文一支独秀之势。

后代均延用此老字号。

【原文】

> 凡待人，必须和颜悦色，不得暴怒骄奢，年老务宜尊敬，幼辈不可欺凌，此为良善忠厚。

【译注】

待人，一定要和颜悦色，不要暴怒、骄傲、奢侈，对老者要尊敬，对幼者不要欺负、凌辱，这才是善良、忠厚。

辑自憺漪子《士商要览》卷4《士商十要》。

【感悟】

徽商重视商业道德教育，编辑商书，教育人们经商要以诚待人。徽商憺漪子在其所著《士商要览》一书中谆谆告诫了经商之人。

【故事链接】

在徽人侨居较集中的地区，人们经常可以看到，徽州盐商对建桥、修路、筑堤、浚河、救灾、赈荒等公益事业都倾注了极大的热情。"詹文锡，婺源人，……承父命至蜀，重庆界涪合处有险道，曰惊梦滩，捐数千金，凿山开之，舟陆皆便。当事嘉其行为，勒石曰詹商岭。"（张海鹏，王廷元：《明清徽商资料选编》卷28《婺源县志》）

【延伸阅读】

卡耐基认为，人格成熟的重要标志是：宽容、忍让、和善。

【原文】

存好心，行好事，说好话，亲好人。

【译注】

要存好心，做好事，说好话，亲近好人。

辑自吴吉祜歙县《丰南志》第 5 册。

【感悟】

这是清代歙商吴炳告诫其子弟的一句话。说好话容易，做好人难，说起来容易，做起来难；存好心容易，做好事难，心动不如行动；做好人容易，亲近好人难，往往难以辨别。

【故事链接】

在明清徽商家庭看来，言传和身教密不可分，言行一致才最具说服力。如黟县孙熙存对儿子说："汝励志读书，勉力为人，凡遇善事力稍能为即为之，俟有余而后济人，嗟何及矣？"敦促其子行善行义。而他本人率先躬行德善之举："道光已酉大水，宜、荆、溧三邑几为泽国，漂没庐舍，民多菜色。君（孙熙存）倡捐，赈出其粟以活饥民，由是欢声载道。"（同治《黟县三志》卷 15，《艺文·人物类·孙君熙存墓志铭》）孙熙存在言教的基础上以身作则，言行一致，努力实践自己向子弟所言传的道理，让其子在心中确证他"所言非虚"，在无形中对后代的教诲更加令人信服。

【延伸阅读】

徽州盐商还赞助家乡的各种建设，在修城、筑路、架桥等方面都有许多贡献。方如骐，歙人，与郑滂石甃金陵孔道以达芜湖。佘文义，歙人，构石梁以济病涉。同邑罗元孙亦甃石箬岭，建梁以道往来。（张海鹏，王廷元：《明清徽商资料选编》卷 196《安徽通志》）

【原文】

> 凡与人交接,便宜察言观色,务要背恶向善,处事最宜斟酌,不得欺软畏强。

【译注】

与人交往的时候,要善于察言观色,一定要远离恶,一心向善,处世要善于斟酌,不能欺软怕硬。

辑自憺漪子《士商要览》卷4《士商十要》。

【感悟】

这句话阐明了与人交往时的一些技巧。只有善于察言观色,才能处理好关系;只有背恶向善,才能为善;只有三思而后行,才能把事做好;只有不欺软怕硬,才能保持独立的人格,一生正气。

【故事链接】

明李贽认为:"故性格清澈者音调自然宣畅,性格舒徐者音调自然疏慢。"(《读律肤说》)意思是:"性格清澈的人说话的声调一定会舒畅,性格舒缓的人说话的声调一定缓慢。"因此从一个人的言谈之中可以判断这个人的性格。

【延伸阅读】

汉扬雄说:"故言,心声也;书,心画也。声画形,君子小人见矣。"(《法言·问神》)

十、忠信立身

【原文】

谦①卦六爻②皆吉，恕③字终身可行。

【译注】

①谦：谦逊，忠厚。②爻：音 yáo，组成八卦中每一卦的长短横道；六爻：《易经》里组成卦的符号。③恕：仁爱、宽恕体谅。

这句话大意是：为人谦逊忠厚，事事均能吉祥；对人体谅仁爱，一生都会如意。

辑自见倪国强编著《黟县民间古楹联集萃》。

【感悟】

谦虚，谦让，谦顺，谦逊，谦和，谦恭，谦卑。由浅入深、从外表到内涵的过程造就了谦谦君子的大德行。谦虚者内秀，秀得精深则无需张扬；谦让者好脾性，在照顾他人心理感受的同时便可获得自我的精神愉悦；谦顺者气度温文，顺之自然，自可无伤于大道、正道；谦逊者大者风度，敬他人之长亦是长自身之长；谦和者以和为贵，并且透着"和"的个性，正是"和而不同"；谦恭者心存敬畏，心念旧恩，已然透视着世界；谦卑者卑以自牧，守其德，修其身，养其气，是以成就君子蕙质。我时常提醒自己践行为重。我们可以允许自己说不好，可以宽慰自己不急于一时，但是不能放纵自己懒怠。至少要"做"，哪怕是一点点，只要做了，终在日积月累的量变之上获得脱胎换骨的质变。若要此生有意义，非"恒"不可。"恒"于"谦"，才是对"谦"的最好表示，也不枉对周易的衷爱。

让自己"谦",也要对他人"恕"。子以"恕"为"一言而可以终身行之者",他回答子贡的那句"其恕乎"是何等的深、大。恕,忠恕,己所不欲,勿施于人。这又是何等的广大。忠恕之道重在恕字,如《中庸》所言:"忠恕违道不远,施诸己而不愿,亦勿施于人。"夫子之道即由这恕字一以贯之。这个恕字上升为"恕道",子贡终身行之。吾人学儒,见贤思齐,更要终身行之。

【故事链接】

自从明成化、弘治以后,徽商日益成为中国社会一个值得重视的集团。对于徽商在文化方面的贡献,梁启超先生在《清代学术概论》中指出,以徽商为主体的两淮盐商对乾嘉时期清学全盛的贡献,与南欧巨室豪贾之于欧洲文艺复兴,可以相提并论。

【延伸阅读】

谦卦,为《易经》六十四卦第十五,下艮,上坤,曰"地山谦卦"。谦,亨,君子有终。谦卦象征谦虚卑退之意,有谦德之君子万事皆能亨通,而且行谦有始有终。"六爻皆吉"——显象:"初六,谦谦君子,用涉大川,吉。象曰:谦谦君子,卑以自牧也。六二,鸣谦,贞吉。象曰:鸣谦贞吉,中心得也。九三,劳谦,君子有终,吉。象曰:劳谦君子,万民服也。六四,无不利,撝谦。象曰:无不利,撝谦,不违则也。六五,不富,以其邻,利用侵伐,无不利。象曰:利用侵伐,征不服也。上六,鸣谦,利用行师,征邑国。象曰:鸣谦,志未得也。可用行师,征邑国也。"在讲求变通、辩证的易经中,尚有一卦六爻皆吉,更加丰富了辩证思想,尤其说明了谦的益处很多,是多么重要。

【原文】

> 能受苦方为志士,肯吃亏不是痴人。

【译注】

能吃苦的人才是志士,肯吃亏的人并不是傻子。这副楹联主要是讲为人要能吃苦耐劳，做事要胸怀坦荡，不斤斤计较。

辑自倪国强编著《黟县民间古楹联集萃》。

【感悟】

徽商们深知，商人和顾客二者是互惠互利的，商人只有诚实不欺，方可赢得顾客的信任。故而他们在生意场上往往是"宁奉法而折阅，不饰智以求赢"。因为在他们看来，"能受苦方为志士，肯吃亏不是痴人"，有时吃点小亏是福，往往能得到更大回报。

【故事链接】

为人憨厚刚直的清代婺源人朱文炽在珠江经营茶叶贸易时，一旦出售的新茶过期后，他总是不听市侩们的劝阻，吩咐伙计们在交易契约上注明"陈茶"二字，以示诚实不欺。虽说因此在二十余年的茶叶生意上亏蚀老本数万两银子，然而"卒无怨悔"，这样做都无怨无悔。

【延伸阅读】

徽州商人大多强调"忠诚立质"，主张在商业经营活动中"以诚待人"，摈弃有些商人所惯用的所谓"智"、"巧"、"机"、"诈"等等一切不正当的聚财手段，结果都能够赢利成业。

【原文】

人宁贸诈，吾宁贸信，终不以五尺童子而饰价为欺。

【译注】

人宁贸诈是说别的商贾宁愿用欺诈手段；吾宁贸信是说自己宁愿靠诚信经商，不因为遇到小孩子就在价格上进行欺诈。

辑自《古歙岩镇东礁头吴氏族谱·南坡公行状》。

【感悟】

诚信经营是徽商的宗旨。深受中国传统文化影响的徽州商人，恪守"信誉"二字，并自觉地将信誉贯彻到商业交往中去，在经商过程中树立起牢固的信誉观念。在商业经营中，徽州商人大多薄利多销，货真价实，讲究信誉，甘当廉贾。

【故事链接】

在诚信经商方面，明代休宁商人程锁、程伟是两个典型。程锁在经营钱庄时"终岁不过什一，细民称便"，还在经营粮食贸易时，纵使遇上大饥之年也不抬高市价以乘机从中牟取暴利。而程伟则由于"信义远孚"，故而"富商大贾之赀咸欲委托于公。自是公之财日益丰，公之名亦日益著"。因为程伟讲诚信、将道义的美名远播，所以富商大贾都愿意把财产委托给他经营，于是他的财产日益丰厚，而他的名声也愈来愈显著。

又如清代婺源人詹谷在崇明岛替江湾某业主主持商务，时值业主年老归家，詹谷克难排险，苦心经营，终获厚利，然而他不存半点私心。其后业主之子来到崇明岛接摊承业，詹谷将历年出入帐簿尽数交还，有鉴于他"涓滴无私"，当地人无不叹服他的忠诚和正直。还有清代婺源商人程焕铨曾受番禺友人张鉴之托，替他管领"宗人运盐二万有奇往海南"。等到海南时，张鉴已死，宗人想乘机瓜分船上货物，程焕铨力争不可，坚持将船上货物完璧归赵交还给了张鉴之子。

【延伸阅读】

徽商不但强调"忠诚立质"，还注重信义存心，信义存心即重信守诺，讲究以信接物，这些都成为大多数徽商立身行事的指南。徽商信义存心的主要表现在于他们大多重视货物质量，做到货真价实，不售伪劣商品给顾客。

【原文】

惟诚心待人，人自怀服；任术御物，物终不亲。

【译注】

只有以诚待人，人家才会信服你，才会放心跟你做生意；倘若只想着在交易中运用权术算计他人，搞歪门邪道，那么不用说是人，就连物最终都会对你敬而远之。

辑自《新安歙北许氏东支世谱》卷3。

【感悟】

徽商以诚信为本。诚信是和谐的重要基础，徽商尤其重视诚信的作用。徽商恪守商业道德的观念，主要包含两层意思：首先是"诚"，主要是诚实不欺，体现在徽商诚意敬业，诚心待人上。歙县商人许宪在总结自己的经商致富经验时，就特别强调以诚待人的重要作用，认为"惟诚心待人，人自怀服；任术御物，物终不亲"，正因为如此，"其经商也，湖海仰德"，"出入江淮间，而资益积"。二是讲"信"，其例子在徽商中比比皆是。

【故事链接】

有位名叫唐祁的清代歙县商人，其父曾向某人借贷过银钱，后来债主诡称债券丢失前来讨债，唐祁表态说债券虽无，但家父借贷之事属实，于是如数还清了债款。不久，别人持那位债主诡称丢失的债券又来索讨，唐祁对此有故意设计圈套来讹诈骗取钱财之嫌疑的行径心知肚明，但出于守信兑诺的贾道商德方面考虑，依然认可那债券是真的，为此再又支付了一次债款。

【延伸阅读】

徽州商人胡荣命在江西吴城镇经商五十余年，向来童叟无欺，在吴城享有良好的声誉。清道光年间，他见自己年纪太大，打理店面有点力不从心，于是准备返回家乡养老。临走时，有一个青年商人来访，寒暄片刻之后，年轻人向他提出："你也快回家了，店名可能就弃之不用了，你的店名能不能转让给我使用？我以

重金购买。"胡荣命笑了笑说："如果你诚实经商,何需用我的店名?你自己的店名不就很好吗?"青年商人坚持要购买他的店名。胡荣命拒绝了,说："将店名卖给你,就有可能辱没了我的一世清名。"胡荣命认为,珍惜声誉意在诚人诚实,唯有凭借"以诚待人"去经商,才能创出让人信赖的金字招牌;倘若待人非诚,就是借用得到别人的金字招牌也没有多大的作用。

【原文】

诚笃不欺人,亦不疑人欺。

【译注】

诚实笃厚,不欺骗别人;为人要坦荡,不要老是怀疑被别人欺负。

辑自《岩镇志草·里礼乡贤纪律》。

【感悟】

诚信的另一层含义是"信",是指　视商业道德。

徽商"以信接物",讲信用、重然诺、重

【故事链接】

著名的清代绩溪籍红顶商人胡雪岩在杭州"胡庆余堂"药店里曾亲自署名并签章制作一块牌匾,正面书题"戒欺"二字,其后续有小跋云:"凡有贸易均着不得欺字,药业关系性命,尤为万不可欺。余存心济世,誓不以劣品弋取厚利,惟愿诸君心余之心,采办务真,修制务精,不至欺余欺世人,是则造福冥冥,谓诸君之善为余谋也可,谓诸君之善自为谋也亦可。"他以"戒欺"作为经商准则来自律其身且诚律店员,向世人宣示诚实不欺的经营理念,诚为可贵。

【延伸阅读】

因为歙商梅庆余的经营原则即是"诚笃不欺人,亦不疑人欺",所以他到中年时就已积累了数千金的家产,并以诚厚闻名于乡里。

【原文】

治生①莫若勤俭,立身②莫若忠信。

【译注】

①治生:经营家业,谋生计。②立身:安身,存身;树立人格。

这句话的意思是,经营家业没有不要勤劳节俭的,安身立命没有不要忠信的。

辑自明李维桢《大泌山房集》(四库全书存目丛书本)。

【感悟】

曾子(孔子学生曾参)说:"吾日三省吾身:为人谋而不忠乎？与朋友交而不信乎？传不习乎？"(《论语·学而》)意思是:"我每天多次反省自身:替人家谋虑是否不够尽心？和朋友交往是否不够诚信？要传授给学生的知识是不是自己还不精通熟练呢？"我们也要像曾子所说的那样每天反省反思,看自己在忠信等方面做得怎么样,还有什么做得不够的,这样才能时常进步。

【故事链接】

徽商胡炳衡祖孙四代,在江苏三泰地区开辟茶商贸易,历百余年商海沧桑,几经劫难与复兴,先后开设茶庄、茶栈12爿,为绩溪茶业在三泰地区开创了一方天地。抗战以后,店业相继转营到上海等地,直到解放后公私合营。

修身金言

【延伸阅读】

"红顶商人"与"贾而好儒"取向

徽商在南宋兴起时还是一个不起眼的小商帮,明代已成为商界的一支动旅,清时则跃为十大商帮之首,其著名的代表人物就是红顶商人胡雪岩。这不由使我们问及徽商成功的秘密,探析它的特点。与中国其他地方的商人相比,徽商有"贾而好儒"的行为特征。他们或由儒入贾,或先贾后儒,所谓亦贾亦儒,时贾时儒。徽州人由儒入贾是出于对中国传统以儒入世而名高的认同;而先贾后儒,则是指徽商业贾后又多举儒事,以儒为自己的最后抉择及最大希望。徽商贾儒结合,决定了徽商本质上是儒商。贾事而儒行,使做人经商十分讲究商德。"以诚待人"、"以信接物"、"以义为利"是徽商商德的真实写照。在中国封建社会,"士农工商",商列四民之末,地位卑下,为了生存与竞争,徽商不得不贾仕结合,通过攀迎封建势力,或结交官宦以至天子;或以贾进仕,亦商亦官;或充分利用乡里仕族的在仕之人来充当徽商在京的政治代言人。

社会心理学家杨国枢等人从文化相对论的观点出发,提出中国人是"社会取向"的看法。徽州商人的这种顺从他人、不得罪他人、符合社会期望并接受他人意见的行为取向同样也属于此等范畴。通过贾仕的牢固结合,徽商在商业竞争中获得了诸多优势和便利,为徽商的生存与发展提供了一个良好的外部环境。

【原文】

> 孝友恭俭,性端悫①,然诺必矜②。

【译注】

①端悫(què):诚实。②矜(jīn):谨守,慎重。

孝悌、友爱、恭敬、节俭,性格诚实,一诺千金。

辑自汪道昆《太函集》卷17《寿草市程次公六十寿序》。

【感悟】

老子说:"夫轻诺必寡信;多易必多难。是以圣人犹难之,故终无难矣。"意思是:"那些轻易发出诺言的,必定很少能够兑现的;把事情看得太容易,势必遭受很多困难。因此,有道的圣人总是看重困难,所以就终于没有困难了。"因而,不承诺便罢了,一承诺就一定要履行。

【故事链接】

徽州商人在商业活动中,讲求商业道德,不为眼前小利所惑。与那些嗜利忘义、不顾及长远利益的行为相较,即被认为具有儒者风范:"得鲁善贾,必轨于正经。诸贾人阑出水乡盐,射重利,得鲁独不可,毋大文罔以规利权。及事觉,连系数十百人,人益以早见多得鲁。得鲁虽服贾,其操行出入诸儒。"(汪道昆:《太函集》卷48《明故处士程德鲁墓志铭》)程得鲁遵守商业道德,必轨于正经,不射重利,不参与唯利是图、不顾后果的作奸犯科行为,被誉为"虽服贾,其操行出入诸儒"。

【延伸阅读】

宗族族产的应用主要是用于祭祀、教育、救助贫困族人。编修家谱、翻修祠堂、祭祀等活动都需要族产的支持。比如祭祀用的祭品及祭祀结束后发放的胙(zuò)食都是用族产来支付的。教育也是族产应用的重要方面。徽州宗族一直都有重视教育的光荣传统,徽州有谚语"养儿不读书,等于一窝猪"充分说明了徽州人对教育的重视。进入民国之后,由于科举制的废除,新式的教育体制——小学代替了私塾,宗族的学田对小学也进行资助。据1933年宅坦胡氏宗族祠堂收支纪录记载:7月10日桂枝小学校长胡蕴玉两次向宗祠支钱400元;1944年的租谷收付账上也有秤桂枝小学学谷870斤的记载(绩溪县上庄镇宅坦村委会《龙井春秋》)。

族产的另一项功能是救助贫困族人,特别是在民国时期,由于战乱,大量的徽州商人从外地返回家乡躲避战乱,更加剧了徽州的人地矛盾。民国时期自然灾难多发,造成粮食紧缺,宗族利用族产积极地进行平粜活动。平粜由祠堂主持,与族内行善的人一起,向余粮户购米或到外地购米以救助无粮的族人。平粜活动在民国时期一直很活跃,如绩溪宅坦胡氏宗族的最后一次平粜是在1947年(绩溪县上庄镇宅坦村委会《龙井春秋》)。宗族力图通过这种活动保证族人对宗族的认同感。

族产是宗族得以存在和发展的经济基础。祠堂拥有田地山场的多少是衡量宗族是否兴旺的重要标志。徽州多山,人均占有田地比较少,因此徽州宗族的族

十 忠信立身

产除了田地外，大量的是山地。族产的分布比较零散，如宅坦胡氏宗祠的祠田遍及本乡、邻乡十几个村，130个佃户。根据1937年宗祠田亩草簿的记载，当时宅坦祠田共有176坵，本村佃户78家，外村98家，分布在歙县、绩溪的22个村庄（绩溪县地方志编纂委员会《绩溪县志》）。宗族除了祠田祠山外，还有学田。学田用来支付教师的伙食，其租谷择优宗祠代为拨付。

族产的来源主要靠族人的捐助，捐助祠田被认为一项义举，被宗族所表彰，这种表彰也为族人所认可，所以在明清宗族徽商鼎盛的时期，徽州的宗族族田也达到空前高峰，即使在解放前，也保存着大量的族田。据《绩溪县志》记载，土地改革前，绩溪县的祠产、庙产、学产、会产、茶亭桥会等公有耕地有1.5万多亩，占全部耕地的12.39%。除族人的捐助外，还有本族祖遗产，无嗣族人的田地归宗祠，还有大户兄弟分家抽出的部分田地。民国时绩溪县的宗祠一般有田二三十亩，多的百亩以上，山场千亩以上（绩溪县地方志编纂委员会《绩溪县志》）。大量的族产为开展宗族活动、增强宗族的凝聚力提供了重要的经济基础。

十一、国而忘家

【原文】

事君，则以忠，当无二无他以乃心王室，当有为有守而忘我家身。为大臣，当思舟楫淋雨之才[①]；为小臣，当思奔走后先之用；为文臣，当展华国之谟[②]；为武臣，当副干城[③]之望。

【译注】

①舟楫淋雨之才：指散落在民间没有被发现的人才。②华国之谟(mó)：发扬光大国家的策略与计划。③干城(gānchéng)：盾牌和城墙，比喻捍卫国家的将士。

这句话的意思是，侍奉君主，要衷心，应当对王室一心一意，应当有为有守忘我忘家。作为大臣，应当善于发现散落在民间没有被发现的人才；作为小官，应当尽自己所能；作为文臣，应当谋划发扬光大国家的策略与计划；作为武将，应当不辜负捍卫国家的期望。

辑自《武口王氏统宗谱》(雍正四年刊本)。

【感悟】

"子曰：不在其位，不谋其政。"《论语·泰伯》中孔子说："不在那个职位上，就不去考虑那个职位上的事。"反之，在那个职位上，就一定要去考虑那个职位上的事。徽商深谙此道，认为不管处在什么职位上，一定要尽职尽忠，

各尽所能,发挥应有的作用。

【故事链接】

　　徽州古街,由于它自古以来就是徽州聚落宗族人群的最重要公共活动场所,所以徽州古街几乎都有厚实的徽州民俗风情积淀,走进徽州古街,就走进了古徽州社会。在屯溪黎阳古街,千百年来"八月靖阳"汪公庙会别具特色,其端午龙舟赛万人空巷。绩溪的扬溪古铺,"破寒酸"舞是重要的徽剧活化石。歙县渔梁街的跳钟馗、嬉鱼灯,洪琴街的中秋舞草龙,祁门三里街的"打中元"、"斋孤"民俗和西大街的"端午龙舟陆地行",婺源纳城古街的"板凳龙",李坑古街的"婺源摊"……这些千百年来在徽州古街长盛不衰、深受百姓喜爱的徽州民俗风情表演、徽州民间艺术展示,是徽州乡村社会体现民间生活实态的活动着的"清明上河图",无论过去、现在和将来都吸引着八方人士、学者文人的目光。

【延伸阅读】

　　徽商的鼎盛时期是在明末清初。在宋之前,徽州却很贫穷,南宋罗愿撰《新安志》记载"山限壤隔,民不染他俗,勤于山伐……女子正洁不淫失,虽饥岁不鬻妻子,山民衣冠至百年不变,自唐末赋不属天子,骤增之民,则益贫……"其中又说道:"南宋建都临安(杭州),临安开始繁荣,大兴土木。""骤增"的"益贫"之民则思变。"山土美材,岁联为桴下浙河,往者多取富",也就是说徽商以贩运竹木茶及土产美材为始,至明代中叶,徽州经商成风。徽商的巨富,使一个贫困的山区如原仅百户的歙县镇"自嘉隆以来,巨室云集,百堵皆兴,比屋鳞次,无尺土之隙"。

【原文】

> 公而忘私,国而忘家。

【译注】

　　为了公事而不考虑私事,为了国家而舍弃小家;为了集体利益而不考虑个人得失,不去讲究个人恩怨。

辑自《武口王氏统宗谱》（雍正四年刊本）。

【感悟】

正如东汉班固所言："故化成俗定，则为人臣者主耳忘身，国而忘家，公而忘私，利不苟就，害不苟去，唯义所在。"（东汉班固《汉书·贾谊传》）徽商虽然重视盈利，重视家族利益，但是在公事与国家利益面前也甘于牺牲，毫不畏缩。

【故事链接】

上海新徽商投资有限公司董事长严同文说：人和人的差别就是信念，有信念和没信念，有理想和没理想，有思想和没思想差别很大。一个人能否成功就在于一念之间。红军长征从最初的三十万人到最后的三万人，有人坚持下来，有人中途作逃兵，关键的一点：就是信念！此行接触的晋商代表和企业，虽然只是晋商群体中的一个点，但是他们让我感受到了晋商诚信文化的深刻机理。坚持诚信这个信念，坚持为社会承担义务，这是每个人每个企业家构建和谐社会的基础。（严同文在晋、徽、苏三商就"诚信"和"责任"大商文化讨论会时如是说。）

【延伸阅读】

徽商经营的行业

明代弘治以前，徽商以经营"文房四宝"、漆、木、茶叶和粮食为主。弘治以后，经营范围扩大，涉足行业多种多样，以盐、典、茶、木为最著；其次为粮食、棉布、丝绸、纸墨、瓷器；还有贩卖人参、貂皮、珠玑、古玩，从事刻书出版业的；也有经营小本生意，如开饮食店、杂货店，以及肩挑背负的小贩。可以说，徽商无业不营。其中婺源人多茶、木商；歙县人以盐、典为主；绩溪人多饮食业和茶业；休宁人多典当商；祁门、黟两县以经营布匹、粮食、茶叶、钱庄、南北货为多。

【原文】

非勤无以生财，非俭无以足用，非礼无以立身，非义无以处事，汝曹以此四言终其身可也。

【译注】

不勤劳就不能创造财富，不节俭就无法满足基本需求，不讲礼仪就无法立身，不守义就无法处事。

辑自明陆深《俨山集》。

【感悟】

子曰："非礼勿视，非礼勿听，非礼勿言，非礼勿动。"（《论语·颜渊》）意思是，不符合礼制规定的就不能看、不能听、不能说、不能动。徽商也总结出四个"非"，大意是，不勤劳、不节俭、不讲礼、不守义就不能创造财富、无法满足基本需求、无法立身、无法处事。可以看出勤劳、节俭、礼义在徽商为人处世中的重要性，可谓是四句真言啊！

【故事链接】

徽商商业资本的来源

徽州人开始经商的资本，多为自己劳动所得的积累和借贷，也有的是佃仆提供的田租和山租，或依靠共同出资、委托出资、宗族资助或妻家提供资金（嫁妆），或由上辈遗产转化为资本。依靠劳动收入、佃仆租金、借贷作资本经商者，一般是独立的小本经营，逐渐致富。如歙县人汪玄仪世代为农，开始从商时，仅聚3个月的粮食作为资本，去河北等地经营盐业致富。依靠遗产或乡党族友集资经商的，资本较为雄厚，经营规模也较大。明嘉靖时，歙县人方景真才15岁，其祖父和父亲就授资，让他去经商。又怕他年幼乱花钱，便把钱交给管家存起来，只许他支取利息使用。方景真开始经商就瞄准山东的棉花市场，一次就贩运了两大船至武进县。徽商以资本大小分为上贾、中贾、下贾，百万为上贾，二三十万为中贾，余为下贾，等级很严，并直接影响到社会地位。汪道昆说，每当徽商聚会时,"上贾据上坐,中贾次之,下贾侍侧"座位的次序严格按照资本大小有序排列。盐商资本最充实,清乾隆时资本以千万计,次亦数百万。

【延伸阅读】

徽商利润的流向

据明万历间宋应星对侨居扬州盐商的估算,利润在 30% 左右。当铺利率一般在二三分。徽商利润,一部分转化为资本;个别投资于产业,如朱云沾在福建开采铁矿,阮弼在芜湖开设染坊,江长公在房村制造酒曲。更多的流向是课税、捐输、捐资办学、投资土地、投资公益建设或供挥霍。清初两淮盐纲课税只有 90 余万两,加上织造等课,也只有 180 余万,至乾隆年间竟达 400 余万两。乾隆三十八年(1773 年),歙县江春等盐商为佐平金川军需,一次就捐银 400 万两。乾隆年间,歙县盐商鲍志道曾捐三千金修紫阳书院,捐八千金修山问书院。至于投资家乡建设,仅歙县在明代就有祠堂、牌楼、佛寺、道观、桥梁、路亭 300 余处,清代投资就更多。有些徽商还以利润所得置田产,作为宗祠、义学收益,或传给子孙后代。如明代祁门商人胡天禄曾购输 300 亩为义田,以供祠堂祭祀之用。徽商发迹之前,尚能俭朴度日,一旦发迹致富,有些人即大肆挥霍,生活侈靡之至。一些徽商利润的流向有其时代性,没有能够扩大再生产,为其败亡埋下伏笔。

【原文】

必以经时务,佐明时,毋徒蓁靡为也。

【译注】

(读书)一定要能经世致用,解决当下实际问题,否则就白白浪费时间了。

辑自《汪氏统宗谱·昂号云峰配王合纪传》。

【感悟】

　　这是明朝休宁商人汪昂教育儿子读书方法时的一句话,道理很简单,不能整天读书而死读书,而要学以致用,以解决实际问题。

【故事链接】

　　明朝休宁商人汪昂经营盐业起家后,因为自己没有始终如一从事儒业,弃儒从贾,因而后悔不已,将业儒的希望全部寄托在子弟身上,他不惜耗费资金为儿子请来名师,教育儿子不要浪费光阴,要勤奋习儒,盼望儿子能扬名海内,光宗耀祖。"愤己弗终儒业,命其仲子延浩治书曰:'必以经时务,佐明时,毋徒萎靡为也。'以是隆师备至,日以望其显名于时,以缵(zuǎn)其先世遗烈"(《汪氏统宗谱·昂号云峰配王合纪传》)。

　　还有歙商江佩,早年从贾,"非其志也",致富后,"尤专意程督诸子修儒术,延师课业,不遗余力"(歙县《溪南江氏族谱·故处士沙南江公墓志铭》)。凌珊,早年因丧父,弃儒就贾,常常自恨不能修儒业,以振家声。因此发家后,将希望全寄托在子侄身上,"殷勤备脯,不远数百里迎师以训子侄。起必侵晨,眠必丙夜,时亲自督促之。每日外来,闻咿唔声则喜,否则嗔,其训子侄之严如此"(《沙溪集略》卷40《文行》)。

【延伸阅读】

艰难创业,重振家声

　　鲍志道,字诚一,号肯园,生于乾隆八年(1743),是鲍象贤的九世孙。虽然父亲鲍官瑗"长贸于外",但家中还是并不宽裕。鲍志道自幼读书,企图走科举入仕之路,由于生活困难,11岁便弃儒服贾,出外谋生。他先是到江西鄱阳帮人打工并学习会计,后来又到金华等地做些小生意,再到扬州、湖北。总之,在这几年,由于没有资本,东奔西走,他始终未找到一块立足之地。

　　20岁时,鲍志道又一次来到扬州。近10年的锻炼,已使他逐渐成熟起来。他胸怀大志,决心在这里干一番事业。扬州是两淮盐运使司所在地,从事盐业的豪商巨贾都集中在这里。听说当时歙县大盐商吴尊德急需物色一名精明能干的经理,鲍志道和其他人一道前去应聘。吴尊德举行了一次别开生面的考试:大家通过会计课目考试后,伙计给每个人端来一碗混沌。吃完后,吴尊德宣布第二天再举行一次考试。翌日,大家都来参加第二场考试。谁知主考大人分别要求各人回答昨天所吃混沌共有几只? 有几种馅? 每种馅各几只? 这下大家都傻了眼,一个个瞠目结舌。只有鲍志道答得完全正确,于是他被聘用了。这个传说的真实性如何,已难确考,但他说明了鲍志道确实是精明、心细。

【原文】

中丞^①禄赐不太薄,何以使橐枵^②然乃尔?然藉令^③若问我何以视行贾时庐产益损?即我何以应之,且富吾力自能得,不欲用是遗儿子辈,儿子能贵我,我自不知贵耳?

【译注】

①中丞:秦汉文官,三国有置,有"二丞相"之称,是古代文官的最高爵位。中丞是御史中丞的简称。明清时用作巡抚的别称。②橐(tuó):一种口袋。枵(xiāo):空虚。③藉令:假使。

这句话的意思是:你所从事官职的俸禄也不少啊,为什么口袋里没有钱财?但是如果有人问我为什么看到你的财富比你经商的时候还要少,我就这样回答:我自己就能挣取财富,不要把财富留给儿孙辈,我儿子能让我尊贵,我难道不能自己尊贵吗?

辑自明王世贞《弇川四部稿》。

【感悟】

汪良彬与儿子站在相同的立场,不但没有指责为官多年而无积蓄,反而对儿子的行为表示肯定。作为商人,汪良彬虽然经商挣钱很辛苦,但是得知儿子两袖清风的时候,并没有责怪儿子,而是大加肯定,他可谓是深明大义呀!

子曰:"富与贵,是人之所欲也;不以其道得之,不处也。贫与贱,是人之所恶也;不以其道得之,不去也。"(《论语·里仁》)意思是说,富裕与尊贵,是人人都想得到的,如果不能用正确的方法获得它,君子是不会接受的;贫穷卑贱,是人人都厌恶的,如果不能从正确途径摆脱它,君子是不会逃避的。有语云,君子爱财取之以道。我要说,君子爱财散之以道,既要会挣钱,也要会花钱,把钱花在该花的地方。

【故事链接】

歙县商人汪良彬之子汪道昆，"以破岛夷积功至御史中丞,督抚闽"。任此职七年后,回乡省亲时,汪良彬见儿子仍然两袖清风,"无余俸积",原来儿子的俸禄"皆以养士矣"。汪良彬不但没有指责为官多年而无积蓄的汪道昆,反而把对儿子的赞誉溢于言表。父亲的赞扬使汪道昆在精神上受到极大的激励和鼓舞,驱使他更加廉洁奉公,最终因出色的表现而官至兵部右侍郎。

又如歙县商人吴立庵,"善权万货轻重,故市多倍得"。与他一道经商的儿子吴肖甫"间划一筹,巧出若翁上",吴立庵大喜,表扬儿子道:"人谓汝胜我,果然。"(张海鹏、王廷元《明清徽商资料选》)由上述两例可见,明清徽商在以言教子时,已经注重对儿子们的自我价值进行保护,通过对他们言行的肯定,去丰富和加深他们的内心体验,使之在增强自尊自信后,主动接受父亲的教育。

【延伸阅读】

"贾而好儒"也是明清商人的特色。

在同时期的江浙、山西、广东,以及陕西、江西等地的地域商人中,这种"贾而好儒"的习性也甚为流传。事实表明"贾而好儒"不仅是徽商的特色,而且是较为普遍地存在于明清时期的一般商人群体之中。明清商人较为普遍的"贾而好儒"现象是当时的文化经济环境及明清商人的需要共同作用的结果,建立在自然经济基础上的某些儒家观念对于商人集团的羁绊是不容忽视的。

【原文】

> 余家徽郡万山之中,不通行旅,不谙图集,土狭人稠,业多为商。自衮至徐,归心追切,前路渺茫,苦于询问,乃怅然兴感,恐天下之人如余厄于歧路者多也。

【译注】

我们老家徽州在群山之中,道路不通,乡人又不知道图集,地少人多,大多数人经商。我从衮州到徐州,归心似箭,对前面的路知之甚少,苦苦询问,因此大发感慨,担心天下人都像我一样陷于不认识路的困境。

辑自黄汴:《天下水陆路程》。

【感悟】

黄汴因为在经商途中深受不认识路之苦,所以立志写下《天下水陆路程》这本书,以方便后来之人。可见,他虽然是一介商人,但是也有心怀天下、心怀苍生的气概。

【故事链接】

最早的一部"路程"图记是明代徽州人黄汴为商贾、士子科举而编的,刻于隆庆四年(1570年)的《一统路程图记》又名《图注水陆路程图》、《天下水陆路程》。之后的路程书大多遵循此书的基本内容和框架。黄汴编纂这部图记的原因在《一统路程图记》序论中有过详细阐述:"余家徽郡万山之中,不通行旅,不谙图集,土狭人稠,业多为商。自衮至徐,归心迫切,前路渺茫,苦于询问,乃惕然兴感,恐天下之人如余厄于歧路者多也。"(黄汴《天下水陆路程》)正是有了这样的理想,黄汴便开始收集资料,"得程图数家,于是穷其闻见,考其异同,反复校勘,积二十七年始成帙"(黄汴《天下水陆路程》)。这部图记共分为八卷,分别是北京至十三省水陆路,南京至十三省水陆路,两京、各省至所属府水陆路,以及各边路,江北水路,江北陆路,江南水路,江南陆路(黄汴《天下水陆路程》)。从总体上看,是以明代的两京向四面八方伸延,这些水陆路程几乎涵盖了淮安、瓜州、扬州、徐州、苏州、杭州、松江、衡州、赣州所有重要的商业城市。另外由于作者是安徽人,所以徽州路程分布也较多,如有祁门县至湖口县水路、江西由休宁县至浙江水路、苏州府由广德州至徽州府水陆路、徽州府至崇安县路、徽州府至湖广城路、黔县至南京路、休宁县由几村至扬州府水陆路等等(陈学文《明清徽学发展新趋势的一个例证——评黄汴与一统路程图记》),这些都表明了当时的徽州在全国经济上的重要地位。

【延伸阅读】

王文典,现代著名实业家,遂安芹川人。东文专修科毕业。早年参加辛亥革命,反对袁世凯复辟。曾任中俄交涉专门委员长、全国商会联合副会长、全国国货提倡总会会长、京师总商会会长。主张关税自主,修改不平等条约,退

十一、国而忘家

还庚子赔款,收回中东铁路。提倡使用国货,实业救国。创办了物华铁机织绸厂、苏州电气厂、海外贸易隆泉公司。他重视教育文化事业,创办了南洋女子大学。曾建议教育部添设世界语一科,1912 年还与蔡元培发起建立世界语学校。

十二、为官本分

【原文】

> 愿汝曹为本分官，不愿汝曹为炙手官也。

【译注】

但愿你们为官本分，不愿你们为官贪赃枉法。

辑自同治八年修《大阜潘氏支谱》卷19。

【感悟】

徽州人经商大多为廉商，在为官时　响有很大关系。
也大多清廉，这与家庭教育和儒学的影

【故事链接】

潘冕亦写信告诫子弟说："愿汝曹为本分官，不愿汝曹为炙手官也。"（同治八年修《大阜潘氏支谱》卷19）父辈的教导，自身的体验，使得奕隽、奕藻兄弟为官格外谨慎，人在宦途，却心系山林。奕隽"不事干渴，不急进取，十余年中南北往来，宦途多阻，不以进退得失为意，尝绘'归帆图'以见志"。奕藻"年逾五十即有归志"。嘉庆元年（1796），53岁的奕藻即辞官回乡，与其兄奕隽、其弟奕基"欢然话旧"，过着读书写字、艺花植竹、煮茗清谈的隐居生活（同治八年修《大阜潘氏支谱》卷19）。

【延伸阅读】

　　吴荣寿(1873—1934),现代著名茶商。又名俊德,字永柏。歙县岔口乡人。吴荣寿童年时代随同父亲来到屯溪,学习茶叶经营,以精通制茶工艺和善于鉴别毛茶著称。1901年父亲病故后,他大胆拓展业务,在屯溪阳湖开办吴怡和茶号,专门制作外销高档茶。数年后,又创立吴怡春、吴永源、华胜等茶号,进一步扩大外销精品茶的产量,每年制销高档屯绿数千担,最多年份高达2万担,占屯绿外销半数以上,成为徽州现代第一大茶商。吴荣寿决心对茶业经营进行革新,企望创出新品名牌茶叶,他以重金聘婺源制茶名家汪汉梁为总管,在选料与配方上融婺、歙两家为一体,制成了色、香、味焕然一新的"抽芯珍眉"和"特贡"等茶,在上海一举夺得绿茶评比魁首。1927年前后,茶叶价格狂跌,加上朱富润火烧屯溪商业街,几度大损失使吴怡和等茶号一蹶不振。

【原文】

> 不与疆吏①交一牍②。上前所陈奏,或有所论荐,非宣示,终不以告人,虽家人子弟不闻不知。

【译注】

　　①疆吏:守卫边疆的官吏。②牍(dú):古代写字用的木片:文牍(公文);尺牍(书信),案牍。

　　潘世恩在为官时(在军机处),不与守卫边疆的官吏交换公文。在皇帝面前的禀奏,或是有所讨论及推荐的人选,只要没有宣示,就不会告诉他人,即使是家里的子弟也不知道。

　　辑自同治八年修《大阜潘氏支谱》卷20。

【感悟】

　　潘世恩是潘氏家族中深谙谨慎之道的人,在军机处为官十七年,政界的事在公开以前,他守口如瓶,从不妄加评论。

【故事链接】

在《潘文恭公遗训》中,潘世恩教育其子从小"勿妄语,勿戏谑,师心自用,勿矜己长,勿议人短"。

【延伸阅读】

婺源与徽州

在中国行政区划史上,"安徽"一词的出现,大概始于17世纪中叶的清康熙年间。当时是取境内最重要的两个府之首字合作省名,其中,安庆府为安徽省的政治中心,而徽州府则以商业和文化著称于世。翻开清代的地图,徽州府位于安徽省南部,该府的西南一角突出,深深地插入江西省,所以晚清地理著作《皇朝直省府厅州县歌括》曰:"徽州府在省极南,所辖六县数为首,休宁祁门婺源角,绩溪府北黟西守。"这是用诗歌的形式,对徽州一府六县的地理位置做了形象的概括。徽州府所辖的六县中,歙县是首县,为徽州府治所在,而婺源县则恰恰处于整个徽州府的西南一"角"。20世纪三四十年代,由于国共两党的纷争,婺源两度被并入江西。第一次是在1934年,蒋介石出于所谓剿匪的需要,将婺源第一次划归江西省管辖。这引起了徽州人强烈的不满,在呈给蒋介石的公开信中,他们强调:婺源位于徽州上游,是徽州的门户,从唐宋以来就一直隶属于徽州,历时已千余年,从文化、军事、经济及民生等各个方面来看,都与徽州融为一体,不可分割。朱熹是徽州人的骄傲,徽人潜移默化,徽州蔚为礼教之邦而蜚声远近。在这种背景下,朱熹的祖籍地婺源对于徽州人来说就显得格外重要,其重要性犹如曲阜之于山东,洛阳之于河南,是安徽全省文化精神的象征。明清以来,长江中下游一带素有"无徽不成镇"的说法,可见徽州商业发达,旅外同乡很多,各地都有徽州会馆的设置,这些会馆都崇奉朱熹,以加强一府六县商帮的精诚团结。一旦将婺源改隶江西,对于徽州的商业文化,无疑是一个严重的打击,将会彻底瓦解曾执中国商界牛耳的徽州商帮。

1946年,婺源县参议会上下串连,发起"回皖运动",通过胡适转交请愿书给蒋介石,促使国民政府内政部派员来婺源勘察。对此,唐德刚译注的《胡适口述自传》说:"婺源与安徽的徽州有长久的历史渊源,居民引以为荣不愿脱离母省,所以群起反对,并发起了一个(婺源返皖)运动。"由于民众的激烈要求,1947年8月,婺源终于划回安徽。1949年解放,婺源又再度被强制划入江西,隶属浮梁专区。五十年来,徽州地区的建制屡经变化,现在是在屯溪设黄山市,除了婺源仍属江西外,绩溪县也划到毗邻的宣城地区。旧徽州的一府六县,已分隶两省数区。尽管如此,婺源、绩溪的不少人,尤其是上了年纪的老人,自我认同仍然是徽州人。他们认为婺源、绩溪的文化是徽州文化不可或缺的重要组成部分,徽州仍是他们难以割舍的心灵故园。如今,从总体上来看,婺源遗存的明清时代之徽派建筑虽然不及歙县、黟县等地精美,旅游景点也比较分散,但自然山水及人文景观均极丰富,而且,不少新建的粉墙黛瓦仍旧徽味十足,较现在的徽州核心地带有过之而无不及,令人极为直观地看出婺源人对于传统徽州文化的固守。

【原文】

> 诸葛一生惟谨慎,非拘谨之谓,处事谨慎,则精细周密,临大事,决大疑,从容不迫而措置咸宜,所谓胆欲大而心欲小也。

【译注】

诸葛亮一生很谨慎,但不是拘谨,处事谨慎就是精细周密,遇到大事,决策大疑问时,能够从容不迫,处置得很恰当,这就是胆子很大,心思却很细密。

辑自潘世恩撰,潘曾莹录《潘文恭公遗训》。

【感悟】

这与"大胆假设,小心求证"思想类似。这个观点是胡先生在五四时期提出来的,并对中国的文史研究产生了一定的影响,特别是对新文化运动起到了一定的推动作用,为人们提供了一种全新的研究问题、解决问题的思路。"大胆假设"是要人们打破旧有观念的束缚,挣破旧有思想的牢笼,大胆创新,对未解决的问题提出新的假设或解决的可能;"小心求证"即要求人们不能停在假设或可能的路上,而要进行证明。小心的证明是一种严谨求实的态度,在证明过程中不能捏造事实,不能按自己的意愿去改变事实,更不能用道听途说的东西去充当事实,而是要尊重事实,尊重证据,不能有半点马虎,千万要"小心"。

"大胆假设,小心求证",正是求新的精神和求实的态度的结合。

【故事链接】

潘世恩特别欣赏宋代宰相富弼的座右铭"守口如瓶,防意如城"。潘世恩的人生体验显然传给了他的子孙们。

【延伸阅读】

棠樾牌坊,江南绝唱

"百里黄山千峰竞秀,八百年徽州人文荟萃",来到黄山市,走进古徽州,除了游览闻名遐迩的黄山,欣赏"奇松、怪石、云海、冬雪",观"日出"、体"温泉"以外,更重要的一点可别忘了,那就是要实地看一看徽州古建筑,因为徽文化博大精深,浓郁的地方特色和文化特色在这些古建筑上散发着迷人的光彩。而牌坊是现如今众多古建筑当中保存下来较为完好的建筑之一,其中全国历史文化名城的歙县棠樾牌坊群就堪称典范,其较集中、全面地展现了古徽州地区牌坊建筑的概况与特色,成为江南一绝,《红楼梦》《烟锁重楼》等影视作品均在此拍摄。棠樾牌坊群又称棠樾七牌坊,矗立在歙县棠樾村,共有七座牌坊,按忠、孝、节、义从村外向村内依序排列,前五座为三间四柱冲天石柱式清代石坊,后两座为三间四柱三楼卷草型纹斗脊式明代石坊,雄伟壮观。1981 年 9 月,棠樾牌坊群被定为省级重点文物保护单位,1996 年升格为国家级重点文物保护单位。牌坊的功能主要有三种:一为门,其是建筑群空间序列中的第一道大门;二是作为纪念性建筑以"旌表功名"或"表彰节孝";三是作为桥梁、街衢的标志。"慈孝天下无双里,衮绣江南第一乡",棠樾牌坊群属于第二种,主要是为了对棠樾村世代的精英、人杰、能臣、贞女们歌功颂德。

棠樾牌坊为徽商鲍氏家族所建。在当时要建立牌坊,必须满足三个条件:一是要有特别突出的可以宣扬的典型事例;二是要有雄厚的经济实力;三是要有当朝天子的应允。棠樾牌坊群的建立生动地反映了当时棠樾鲍氏家族的兴盛,记录了鲍氏家族在明清两代四百多年中,亦官亦商,创造了上交天子、官位显赫、富可敌国的神话。棠樾牌坊之所以称群,是因为七个牌坊建在一起,连成一排,一气呵成,浑然一体,以恢宏的气势、宏大的场面,将几百年来的兴衰展现于世人面前。这些造型精美的石坊和村中的男祠、女祠形成呼应,仔细品味,从中可以看出曾经的"程朱阙里、东南邹鲁"的遗风余韵。徽州是程朱理学的发祥地,早在唐末就文风日盛,经过宋、元发展,明、清达到鼎盛,千百年来,除府、县学外,书院、社学林立。史料记载,清康熙年间歙县就有书院 14 所、社学 112 所,私塾遍及全县城乡,"十户之村,不废诵读","远山深谷,居民之处,莫不有师有学",有"东南邹鲁"的美称。据志书记载,七座牌坊分别是:鲍象贤尚书坊,建于明天启二年(1622 年),重修于清乾隆六十年(1795 年);鲍逢昌孝坊,建于清嘉庆二年

（1797年）；鲍文渊继妻吴氏节孝坊，建于清乾隆三十二年（1767年）；乐善好施坊，建于清嘉庆二十五年（1820年）；鲍文龄妻汪氏节孝坊，建于清乾隆四十一年（1776年）；慈孝里坊，建于明初，重建于弘治十四年（1501年），重修于清乾隆四十二年（1777年）；鲍灿孝行坊，建于明嘉靖年间（1522—1566年）。七个牌坊既有相同的部分，又有相异的地方。相同之处是用料以石为主，建筑风格相近，表现手法类似；相异之处是表现主题不同，时代建筑特征有所区别。棠樾牌坊群一改以往牌坊以木质结构为主的特点，几乎全部采用石料，且以质地优良的"歙县青"石料为主。这种青石牌坊质地坚实、高大挺拔、恢宏华丽、气宇轩昂。用石代木，以石仿木，主要是为了牌坊能够长久地保存下来，以昭示后人。棠樾牌坊群在建筑风格上体现了古徽州建筑风格，追求四平八稳，显示出的规矩、程式，反映了当时徽州人的人生观、价值观与美学观点。其反映手法是以物示人的实物教育手法，一座牌坊，一个故事，不同的牌坊，表现了不同的主题思想，让当时的人们以及后人能够从建筑当中体会到建坊的用意，宣扬了什么，推崇什么，一望便知，同时也把所弘扬的宗旨稳固地树立在人们的心中，试图建成一座精神的石碑，永驻世人心间。棠樾牌坊群体现了徽州建筑形式，表现了徽雕艺术风格，在饱经数百年的岁月风霜后，仍然熠熠生辉。棠樾牌坊群被专家称为"徽州文化的缩影和特质的显示，是徽州文化的一种物质象征"，传承了中华正统文化，透射出徽商雄厚的经济实力，是集建筑、书画、雕刻于一体的高超综合艺术，对研究明清时代的政治、经济、文化及建筑艺术和徽商的形成和发展，乃至民居民俗都有极其重要的价值。

【原文】

> 古人有言，忍耐是应事第一法，安详是处事第一法，谦退是保身第一法，涵容是待人第一法。余生平服膺于此深矣。

【译注】

古话说，忍耐是应事的第一方法，安详是处事的第一方法，谦虚退让是保身的第一方法，涵养宽容是待人的第一方法。我一生都是照这样来做的。

辑自同治八年修《大阜潘氏支谱》卷20。

【感悟】

　　这是潘希甫说的话。忍耐、安详、　有一定的意义。
谦退、涵容这四点对于现今为人处世仍

【故事链接】

　　著名学者叶显恩曾著文称,原徽州所出现的既有独特性,又有典型性,并具有学术价值的各种文化现象的总和,即徽州文化。徽州文化既是地域文化,又是中华传统文化传承的典范,集中体现了中华传统文化的精华。徽州文化的众多门类在屯溪老街都有很好的表现。街内有屯溪老街古建筑群、中共皖南特委旧址、同德仁药店等重点文物保护单位。清代著名思想家、学者、"乾嘉朴学"的代表人物戴震,是屯溪隆阜人,他主张"体民之情,遂民之欲",成为我国早期启蒙思想的先驱。位于屯溪老街立新巷1号陈列的戴震纪念馆,是我国唯一陈列和收藏戴震学术贡献、生平事迹和研究成果的纪念馆。整条老街店铺300余家,其中历史悠久的就有60多家,"同德仁"、"茂槐"、"老福春"、"汲古轩"、"艺林阁"、"徽宝斋"等老店,都挂有"老字号"牌匾。老街店家主要经营文房四宝和土特产品,游客可以购到徽墨、歙砚、徽漆等国家级非物质文化遗产工艺品及"祁红"、"屯绿"、"黄山毛峰"、"太平猴魁"等享誉中外的名茶,可以品尝到各种地方糕点小吃。遇上节日盛典,还可以观看到丰富多彩的民俗活动表演。

【延伸阅读】

　　屯溪老街是博大精深的徽州文化的集中展示窗口,集中表演了以粉墙、黛瓦、马头墙和砖雕、石雕、木雕为主要特征的徽派建筑文化;以同德仁药店为代表的新安医学文化;以书画、匾额、楹联为代表的新安书画文化;以老街一楼、老徽馆为代表的徽菜文化;以歙砚、徽墨为代表的文房四宝文化;以三味茶馆等为代表的徽州茶文化以及以馆藏器物和工艺品为代表的民间器物文化,构成独具特色的文化旅游休闲街区。屯溪老街还是蜚声海内外的徽州传统工艺品的加工、制作、展示、销售中心。屯溪老街依华山、伴新安江,空间景观特色依托于城市与自然(山与水)环境的有机结合。山、城、街、水呈平行的带状结构。老街又是城市最活跃的部分,通过3条马路和18条巷道与山水相沟通,如鱼骨式形态,同时将山水景观引入城市和老街。现在的屯溪老街,每天慕名而来的各地游客,多则

五六万人，少则二三万人，呈现出一派人来人往、生机盎然的景象。

【原文】

持躬涉世莫善于忍，能忍则天下无不可处之人矣。

【译注】

小心翼翼地处世莫过于忍耐，如果能忍耐，那么天下就没有不能与之相处的人。

辑自民国十六年修《大阜潘氏支谱》卷9。

【感悟】

潘希甫的孙子潘祖谦把"忍"字作 为自己的座右铭，并训诫子弟。

【故事链接】

宋苏轼在《留侯论》中说："古之所谓豪杰之士者，必有过人之节，人情有所不能忍者。匹夫见辱，拔剑而起，挺身而斗，此不足为勇也。天下有大勇者，卒然临之而不惊，无故加之而不怒，此其有所挟持者甚大，而其志甚远也。"古代豪杰一定有过人之处，那就是能够容忍。遇到大事也不惊惧，无故而来的指责也不感到愤怒。之所以能如此，是因为有远大的志向。

【延伸阅读】

坐落于世界自然、文化双遗产黄山的南麓、新安江的上游，位于旅游名城黄山市中心城区的屯溪老街，是称雄明清商界300年的徽商的重要发源地和大本营，是徽州文化生态保护试验区的一个重要节点，具有历史的真实性、风貌的完整性、生活的延续性，在历史文化街区的保护中有典型性和代表性，并以活动着的"清明上河图"的美誉闻名遐迩。1997年，屯溪老街被确定为建设部历史文化保护区规划、管理综合试点单位；2008 年被确定为国家级文化产业示范区；2009年在首批"中国历史文化名街"的评选中，荣耀进入全国十强。屯溪是古徽州的商业重镇，地处屯溪西部的黎阳于公元 208 年便有县级建制。悠久的历史为屯溪留下了包括徽派建筑在内的丰厚文化遗产。明代民居的典范之作程氏三宅和一代珠算宗师程大位的故居都在屯溪，它们分别被确定为全国重点文物保护单位和省级文物保护单位，一直得到很好的保护。

作为屯溪市重要发祥地的屯溪老街，是随着徽商的兴起逐渐形成和发展起来的。

元末明初，有婺源、歙县商人，为方便土特产和食盐中转，在率水、横江和浙江聚汇的三江口附近，建立栈房，屯聚货物。明代永乐年间，休宁商人程维宗在此基础上再建新的店铺，还在店铺之间建亭阁，供来往行人休息，从此形成了有一定规模的屯溪街市。明弘治四年（1491 年），《休宁县志》中就已有"屯溪街"的名目记载。由此可见，屯溪老街的形成距今已有 500 余年的历史了。明、清两朝，徽商崛起，雄震海内。屯溪老街凭借地处皖、浙、赣三省交衢，横江、率水汇合直通钱塘江的有利条件，成为徽州水陆运输的交通枢纽，获得迅速发展。老街在明代成为颇有影响的"一邑总市"，清代发展成远近闻名的"茶务都会"。

到 20 世纪三四十年代，大量人口内迁，又发展成皖南的商阜重镇，获得"小上海"的名声。1949 年以来，作为区域中心城市，屯溪面貌发生了翻天覆地的变化，城市规模迅速扩张，现代建筑鳞次栉比，但屯溪老街得到了很好的保护，深厚的商贸文化薪火相传。屯溪老街，是目前我国保存下来的最完好的一条徽州古街，虽历经天灾人祸，几度兴衰，仍然保持着明清年代的街市情趣：茶楼酒肆、书场墨庄、匾额旗招、朱阁重檐。马头墙鳞次栉比，石板路意境幽古，店铺楼参差错落，老字号流光溢彩，保持着特有的活力。人们漫步在屯溪老街，仿佛领略到了15 世纪中国街市的遗风余韵，屯溪老街因此被中外游人誉为"活动着的'清明上河图'"。古朴典雅的屯溪老街传统街区面积近 20 公顷，核心保护区 4 公顷，全长 1273 米，精华部分 853 米，宽 5 至 8 米，包括 1 条直街、3 条横街和 18 条小巷。由不同年代建成的 300 余幢徽派建筑构成的整个街巷，呈鱼骨架形分布，西部狭窄、东部较宽，就像一条巨型的鱼，卧于新安江畔。屯溪老街的建筑承袭了徽州特有的建筑风格，规划布局和建筑形式具有鲜明的徽派建筑特色。整条街的建筑色彩淡雅古朴，结构错落参差，石板街路面，小青瓦，再加上白粉马头墙，更增加了街道的层次感。临街的店铺一般为两层，均为砖木结构，以梁柱为骨架，尽管多为不大的单开间，但设计构思奇巧，门楣上的徽派木雕中，戏曲人物栩栩如生，民间故事委婉动人，新安山水秀美灵动。门槛和窗棂或方或圆，或棱或扁，花式丰富，形态各异。伸出槛外的"飞来椅"或"美人靠"，既拓展了店堂内有效的空间，方便店家和顾客把玩街景，又平添了店外的外观层次，使店堂显得更加恢

弘和华丽。从店铺的内部结构看,有沿街开敞式和内天井式,有"前店后坊,前店后户或前店后仓"式,有的二进二厢,有的三进三厢,四周的走廊连接成天井,寓含"四水归堂"和"肥水不外流"的敛财之意。店堂一般较深,前店营业,内厢加工或储存货物,有的则前店后居或下店上居。临街的店面是可以灵便装卸的朱漆木板大排门,早卸晚上。店堂两楹和货架上多以字画点缀,徽商亦儒亦商的高雅情调表现得淋漓尽致。

【原文】

自居蕴蓄①,不言人过,甘效唾面自干②……属碌碌无能之人。

【译注】

①蕴蓄:蕴藏、积蓄思想、感情。②唾面自干:别人往自己脸上吐唾沫,不擦掉而让它自干。形容受了侮辱,极度容忍,不加反抗。

蕴蓄自己的思想、感情,不议论别人的过错,甘心让别人吐在自己脸上的唾沫风干……属于碌碌无能的人。

参见沈道初《吴地状元》。

【感悟】

这是乾隆申斥彭启丰的一句话。彭启丰,为人谦虚,谨慎随和,生平坦荡。乾隆时曾任兵部尚书,其下属当面斥责彭启丰不称职,他连辩白也不做。这样的忍耐确实不易。

【故事链接】

潘氏家风由"高风峻节"转向"谨慎谦退",除了来自科场宦途的惨痛教训外,与潘氏联姻的官宦之家的丰富经验亦不容忽视。申时行是明代继张居正之后的太平宰相,为政"务为宽大",人称"长者",然在朝亦无所建树,"上下恬熙,法纪渐不振"(《明史》卷9《申时行传》)。万历三十八年,钱谦益拜谒申时行,问从政为官之秘诀,申时行说:"政有政体,阁有阁体。禁近之臣,职在密勿论思,委曲调剂,非可以悻悻建白,取名高而已也。"(钱谦益《列朝诗集小传》,丁集中《申少师时行》)再如彭启丰,为人谦虚,谨慎随和,生平坦荡。乾隆时曾任兵部尚书,其下属面斥启丰不称其职,启丰亦不加辩白。乾隆因此申斥启丰,说他"自居蕴蓄,不言人过,甘效唾面自干……属碌碌无能之人"(参见沈道初《吴地状元》)。两年后,彭启丰致仕回乡,主讲于苏州紫阳书院,潘奕基遂得亲炙教泽。后来奕基之子世恩历事四朝,"守口如瓶",被史家斥为"格恭保位者"(《清史稿》363卷《潘世恩传》),犹可见启丰之影子。

【延伸阅读】

上海滩徽商老字号

上海是当年徽商落脚的重要码头,至今我们还能窥见"徽商"留下的踪迹。大富贵酒楼坐落在老城厢西侧中华路上,创建于清光绪7年(1881年),是迄今沪上历史最久的徽帮菜馆。"中华老字号"的牌匾高高地悬挂在酒店的醒目处。经理说,尽管是徽菜馆,但酒店里已没有一个安徽人了,但菜谱上的菜名还是典型的安徽风味:徽州鳝糊、毛峰虾仁、古井乳鸽、葡萄鱼等等。至于是否正宗,已不是重要的问题了,重要的是在100年后的上海滩,安徽饮食文化还在以原来的方式、在原先的地点继续弘扬着。

曹素功墨苑是又一家安徽老字号。今天人们已不用毛笔在宣纸上书写了,但中国书画使用的文房四宝,其珍品基本上都出自安徽。我们来到金陵东路曹素功墨苑时,正值墨苑重开十周年纪念日,店里搞了个精品展示会,玻璃柜台里展示了曹素功积累的精良的传统工艺和产品。即使在徽州,我们也很难一下子看到如此多的徽墨制品,墨锭、墨模、套墨、丛墨、纪念墨,加上众多的名人字画,文化在这里已不是一个空洞的字眼。近二十年来,以徽州历史文化为研究对象的"徽学"崛起,成为继"敦煌学"、"藏学"之后的第三大显学。

上海滩上的安徽老字号,仅仅是一个缩影。胡适在他的自传中写道:"一个地方如果没有徽州人,那这个地方就只是个村落。徽州人住进来了,他们就开始成立店铺;然后逐渐扩张,就把个小村落变成个小市镇了。"

【原文】

而父若祖,戮力已有今日。弟合之则盈①,分之则啬②,虽观者尤羡以为盈,愿尔曹自以为啬。则骄奢不生,家且益炽矣。

【译注】

①盈:增长。②啬:节俭。

你们的父亲和祖辈,辛辛苦苦才有今日。你们合在一块就能获利,分开就要节俭,虽然旁观的人还以为你们的财富增长了,但是你们要知道并不是这样而应该节俭。如果不骄傲奢侈,那么我们的家族就会越来越繁荣昌盛。

辑自吴吉祜《丰南志》。

【感悟】

这是明歙县徽商吴希元在临终前给六个儿子分家时说的话。虽然分家后每个人都继承了一定的财产,但是整个家族的势力被削弱,因而较之以前,应当更加节俭。

【故事链接】

孝是一种既有普遍意义又有特殊意义的概念。孝的普遍意义毫无疑问是对双亲的敬爱,不论哪个时代,哪个阶级的人都不会对敬爱父母表示疑义。所以孝顺父母是一个人立身的关键要素之一。子游问孝,子曰:"今之孝者,是谓能养。至于犬马,皆能有养,不敬,何以别乎?"(《论语·为政》)孔子回答子游时说,今天所谓能尽孝的人,都说因为能赡养父母。人们对犬马都能饲养,如果尽孝只限于生活上赡养,而不敬父母,这和饲养犬马会有什么区别呢?孔子将孝与敬联系起来。敬是肃敬、恭敬,是伦理道德的一个重要范畴、人的社会行为的一个规范。这显示了宗教性私德必须以某种神圣情感为根基。

【延伸阅读】

徽雕中栩栩如生的人物造型

徽州不但有精美的动物花鸟雕刻,其人物的造型及雕刻技术也是世界一流的,窃以为丝毫不亚于希腊、罗马的雕刻,徽州承志堂和卢村木雕楼的人物就是一个典型。以卢村雉山木雕楼内的人物雕刻为例,其中《二十四孝》之一《乳姑不怠》中的媳妇半裸浮雕,比例精确,体态生动,在仅有四五厘米高度的人物上,传达出少妇健美的身躯、善良的心灵。在其下的腰板上雕刻的孩童执香燃炮的情景,那欲点还怕的神态,身体与手指紧张相反的运动趋势,产生了运动的幻觉!配合人物及情景塑造,古徽州的雕塑艺术大师还从宏观上把握光线对雕刻所处位置的影响,人物周围背景的雕板深浅也随雕刻的空间、位置的变化而变化,以期突出主要人物及情节,达到最佳的观赏效果。这不能不使我们为古代民间的雕刻艺术家精湛的艺术造诣和聪明才智所折服!

【原文】

为总商①四十年,国家有大典礼及工程灾赈,兵河饷捐,上官有所筹画,春皆指顾集事。

【译注】

①总商:也称商总,为清政府在垄断行业特许商人中指定为首领的殷实商户。嘉庆年间在广州十三行中设立总商,总理洋行事务。道光以前在盐商中也有总商。

这句话的大意是,江春做总商一职四十年,当国家有大典礼、赈灾、募捐等活动的时候,只要上级官员有所筹划,他一定积极参与、完成这些事。

辑自英杰《续纂扬州府志》卷15《人物志七·流寓》。

【感悟】

　　乾隆中后期的盐务总商江春由于捐输报效频繁,财力日渐消乏。乾隆三十九年(1775),弘历可怜其家产消乏,加恩赏借库银三十万两,让他作本生息。不管是出于何种目的,徽商这种不顾个人财力无私地资助公益事业的行为,值得称许。

【故事链接】

　　自明中叶以来,许多徽商都采取主动"输献"的办法,打理好与官府的关系。据《明神宗实录》卷36记载:万历二十九年(1602),两淮税监鲁保"进银内"库,其中"税银一万六千九百三十九两,引价银五万六千两,补解银七百五十两,输献吴时修等银九万两"。明代的"输献"与清朝前期的"捐输"、"报效"极为相似,其用途主要是开支军费和大工程等,商人的目的只是在取得虚职后,可以享有豁免税收的特权。到了清代,捐纳制盛行。徽州盐商往往不惜重资,捐输报效,助军助赈。官府出于实际需要,大力鼓励富民出钱报效国家;作为回报,政府赏予虚衔。"许光国,徽州人,一世业淮鹾。……岁饥,捐资赈救,两赐顶戴,康熙三十年受封儒林郎。"这些儒林郎、七品顶戴之类很显然都是徽州盐商们用金钱买来的。

　　据嘉庆《两淮盐法志》统计,从康熙十年到嘉庆九年(1672—1805)的一百多年间,徽商(尤其是徽州盐商)在捐输、急公济饷、佐修河工、城工、灾赈、报效等名目下,捐输的财物共有:银3930.2196万两,米2.15万石,谷32.946万石。每次捐输,多则数百万两,少则十数万两。《清史稿·食货志》曰:"或遇军需,各(盐)商报效之例,肇于雍正年芦商捐银十万两,嗣乾隆中金川两次用兵,西域荡平,伊犁屯田,平定台匪,后藏用兵,及嘉庆初川、楚之乱,淮、浙、芦、东各商所捐,自数十万、百万以至八百万,通计不下三千万,其因他事捐输,迄于光绪、宣统间,不可胜举。"徽商为两淮、两浙盐商中坚,上述捐饷,报效实多出自徽州盐商。在连续不断的捐输、赈灾、助饷后,许多徽州盐商因贴尽老本而濒于破产。官场消费是徽州盐商利润消费的重要方面之一,有人估计该项费用占其利润比例应不低于40%。

　　从商人的眼光看,这应是一种特殊的"投资"行为。

【延伸阅读】

　　程霖生(1888—1943),现代著名民族资本家。又名源铨,字龄孙,歙县富碣乡人。

　　程霖生的父亲程谨轩在上海经营房地产,家资千万,他继承父业后在上海发展,数年以后,资金累积达白银 6000 万两,成为上海滩上屈指可数的巨商,时称"地皮大王"。晚年,程霖生企图操纵上海黄金市场,结果受到以孔家和宋家为代表的官僚买办资本的围攻,加上时局不稳,金价和房地价大幅下降而破产,靠变卖家财度日。

十三、治生为本

【原文】

> 余闻本富为上,末富次之,谓贾不若耕也;吾郡在山谷,即富者无可耕之田,不贾何待? 且耕者什一,贾之廉者亦什一,贾何负于耕? 古人病不廉,非病贾也。

【译注】

我听说有人认为以农致富为上等差事,以商致富为次等差事,也就是说经商不如务农;我们郡坐落在山区,即使想务农也没有足够的田地来耕种,不经商能以什么为生呢? 况且,农民能够缴纳十分之一的税,廉洁的商人也能够缴纳十分之一的税,商人的贡献并不比农民小。古代人痛恨不廉,并不是痛恨商人。

辑自汪道昆《太函集》,《明处士江次公墓志铭》(四库全书存目丛书本)。

【感悟】

歙县江輗(ní)希望长子江一凤去"学贾",结合徽州地区的生存条件和经商之业在明代的发展形势,他认为经商是徽州人为了生存之计不得已而为之之事。

【故事链接】

"商何负于农"、"贾何负于儒"的提出

中国是一个"重农轻商"的农耕国家,"士农工商",商居末位,商人一直受社会轻视。但中国之大,地理环境千差万别,在一定的时期和一定的地区,以农为本无法使人民丰衣足食。徽州就是这样一个特殊地区。徽州的学者读书做官,成为统治阶级的一员,对徽州无法以农为本的情况了如指掌,对徽州商人给予了极大同情和帮助。早在宋代,在朝的徽籍官僚,就已经开始为徽州商人代言。嘉熙元年(1237年),担任监察御史的歙县人吕午要求朝廷准许徽州人用"会子"(一种纸币)以方便老百姓经商。明代中期以后,徽州土地与人口矛盾更加突出。徽州学者们在坚持儒家"民本"思想的前提下,修正了传统的重农轻商意识,提出了"商农并重"的主张。明万历兵部左侍郎汪道昆就明确说过"商何负于农",意思就是经商不比做农差。明末岩寺谢卓卑视经商,他的母亲叶氏教训他说,读书做官是为了生活,经商也是为生活,"贾何负于儒",意思就是经商不比习儒差。叶氏认为儒、商乃出一辙,批驳了轻视商人的观点。当时在徽州这是很具有代表性的一种认识。经商不比做农差、经商不比读书做官低贱的观念,极大地解放了徽州人的思想。人们纷纷理直气壮地走出去闯世界、下商海,造就了徽商兴盛300年的局面。

【延伸阅读】

"扬州是徽商殖民地"的缘由

"扬州是徽商殖民地"出于民国陈去病的《五石脂》一文:"扬州之盛实徽商开之,扬盖徽商殖民地也。"明清时期,扬州由盐业而盛,扬州是两淮盐业营运中心,是扬州最为繁华的时期。从明代中期到清代乾、嘉,两淮盐业以徽商为主体。依据《扬州画舫录》一书的记载,徽州人在扬州经商的就有马、鲍、郑、巴、江、黄、吴、徐、程9个家族、81人,且都是著名的商人。另据嘉庆《两淮盐法志》,从明洪武后期至清嘉庆前期,两淮共有陕西、山西、徽州籍科举职官403人,其中陕西96人、山西21人,而徽州286人,占71%。徽商称雄扬州,不仅人数众多,更重要的是他们资本雄厚,不少人在两淮被称为首商或总商,财力之丰,连乾隆皇帝也自叹不如。徽州盐商手中的大量资金,相当一部分用在了扬州,为扬州的城市建设和文化事业立下大功。明末清初,扬州曾遭到大规模的破坏,徽商以其一部分商业利润用于"治坏道"、"葺废桥"、"治街肆"、"修码头"。如歙县鲍志道,嘉庆时为两淮总商。当时扬州至康山以西,至钞关北抵小东门,地势洼下,街衢容

修身金言

易积水,鲍志道便出资将街面砖改为石板路,抬高地面,使积水得以清除,这是促使扬州繁荣所必须办理的城市建设工程。尤其在文化建设上,徽商在扬州办教育、建书院、筑林园、兴诗杜、蓄戏班、演戏剧、印图书、藏古籍、研经史、行医术,大兴文化教育事业,使扬州不仅成为当时我国东南地区商业大都市,而且成为东南文化基地之一,对扬州的文化繁荣有着重大贡献。扬州学派同徽派朴学关系密切,"扬州八怪"中有两位(王士慎、罗聘)是徽州人,扬州的著名园林几乎都是徽商所有。徽派篆刻"歙四家"中的程邃、巴慰祖长期寓居扬州,"四大徽班"也是从扬州进京的。可以说,没有徽商的参与,明清扬州城市的繁华、文化事业的发达都是不可能的。正是从这个意义上,陈去病才说"扬州是徽商殖民地"。

【原文】

服贾以奉父母。

【译注】

经商是为了奉养父母。

辑自嘉庆《黟县志》卷7,《人物·尚义》。

【感悟】

孔子说:"事父毋能竭其力。"(《论语·学而》)意思是:"奉养父母,替父母做事要尽心尽力。"这是孝,也是具有普遍意义的孝。

【故事链接】

由于徽州山多田少,人口密集,这使徽州人实现奉养这种孝更多了几分艰辛。徽商为了奉养父母,不畏艰辛,背井离乡,这种行为本身就是孝。他们中的很多人为了父母,放弃钟爱的儒业经商。

【延伸阅读】

康达(1877－1946),近代瓷商、社会活动家。字特璋,祁门县礼屋村人。1888年入县学就读,1893年进入安庆大书院,1896年转读于北平通艺学堂,21岁以拔贡资格担任内阁中书。不久,因为同维新变法派有牵连,被贬往江西景德镇监制御瓷。1904年,在许世英的资助下赴日留学,并在日本参加了同盟会。1907年,协助于右任在上海创办《神州日报》。1909年,参与筹建景德镇总商会,担任第一任会长。1910年,先后创办了江西省瓷业公司和中国窑业学堂,培养新型技术人员,并且采用机器制瓷方法,为景德镇的陶瓷业做出了革命性的贡献。辛亥革命爆发后,被推举为饶州知府,并参加了在上海举行的南北议和谈判和孙中山领导的讨袁战争,因疲劳过度,不久双目失明。晚年曾任国务院谘议和安徽省省长名誉顾问等职,1946年病逝于景德镇。

【原文】

> 吾为人子不能养母,顾使母养耶! 我生之谓何? 乃弃儒就商,日夜淬励①,惟以母勋劳②忧涉③,期岁遂能立门户,养母志。

【译注】

①淬励:激励、鞭策。②勋劳:功劳、功勋。③忧涉:担忧。

我是母亲的儿子却不能赡养她,难道要她养我吗?这样我活着是为了什么?于是舍弃儒业经商,日夜以母亲的辛劳鞭策自己,一年后就能自立门户,担当起奉养母亲的义务。

辑自《继修新安歙北许村许氏东支谱》卷8。

【感悟】

这是歙县许村许文广说的一句话,许文广幼时家里很穷,他的母亲仍然让他习儒,他不忍母亲如此辛劳,毅然放弃儒业,显示出一片孝心。徽州人更是将朱熹的《家礼》作为族规、家典的蓝本而教育子弟,将孝、悌视为做人的基本伦理。我们考察徽商最初的经营活动,许多都是为了赡养父母,或继承父志,或以显亲扬名为目的。

【故事链接】

汪锃,休宁西门人。天性聪颖有悟性,能够过目不忘。十七岁的时候随父亲游学,为高汇旃先生看重。后来他父亲去世,家道中落,他只得弃儒经商,供养母亲十余年(康熙《休宁县志》卷6)。许多徽商致富后,为了达到尊祖、显亲的目的,他们把大量的利润转到捐建祠堂、修坟茔、置义田、设义学上,以实现"孝"。很多徽商在行商过程中友爱兄弟,或同居共爨(读 cuàn,意思是烧火做饭),或均财析产,从不私财,以实现"悌"。

【延伸阅读】

徽商以孝、悌为行为的规矩。朱熹把"孝"上升到"天理"的角度:"孝悌者,天之所以命我而不能不然之事也"(朱熹《四书集注》)。这是"千万年磨灭不得"(宋黎靖德《朱子语类》)的。

【原文】

> 吾诚不妨吾母失供养,故弃本而事末。

【译注】

我是为了奉养母亲才弃儒经商的。

辑自《休宁西门查氏祠记·查灵川公暨配汪孺人行状》。

【感悟】

这是明代休宁查杰说的一句话。他刚刚十三岁的时候就失去父亲，二十岁的时候就开始经商，自立门户，究其原因，也像他自己所说的那样，是奉养母亲给了他如此动力。反观现在一些儿女自己过着很优裕的生活，却对高龄父母不闻不问，甚至轻则责骂，重则拳脚相加，真应该好好学习徽商孝顺父母的精神了。

【故事链接】

明代休宁查杰"失估之年，甫十三耳，……方弱冠，辄挈其季往芜湖，运筹决策……"（《休宁西门查氏祠记·查灵川公暨配汪孺人行状》）。由此可见，他们不惜放弃热衷的读书入仕而以尽孝之责为首。正如黔县古联曰"事业从五伦做起，文章本六经得来"。

【延伸阅读】

在徽州，不仅男子尽孝于父母，连女子也秉承了这一传统，且她们行"孝"之举亦不在男子之下。在歙县有一孝女村。史载，唐朝时这里章顶家的两个女儿有一天与母上山采桑，母被山虎所伤，女奋勇救母，母脱虎，但身落残疾。章氏二女竟终身奉母不嫁，此等壮烈事迹较之男子亦毫不逊色，也足见"孝"在徽州是何等深入人心。

徽州人除了思想上谨记"孝"，他们还把"孝"写进对联，挂在屋中，时刻提醒自己与家人。如徽州楹联中明确阐述了"孝"与"家"的关系。如"孝弟传家根本/诗书经世文章"、"天经地义惟伦叙伦明，肫肫慈孝友恭，纯心安止/帝典王谟以钦终钦始，秩秩修齐平治，大道率由"（黔县联），"忠孝持家远/诗书处世长"、"嚼诗书其味无穷/敦孝梯此乐何极"（西递联），"修其孝弟忠信/文以礼乐诗书"（屯溪老街联），"玉乐无声惟孝弟/太羹有味是诗书"（屯溪老街联），等等。所有这些都言明了居家尽孝，就能使数世同堂、聚族而居的家风维持久远，只有在此基础上记取诗书礼乐与儒家经典才能立身于天地之间。

修身金言

> 为人贾宣城，岁获无几，故张大之，欲父母见之有余"以快其心"。

【译注】

　　余兆鼎在宣城为人经商，一年下来赚钱不多，故意夸大事实，说自己挣了很多，主要是希望父母看到他有很多余财而感到开心。

　　辑自余华瑞《岩镇志草》。

【感悟】

　　清代徽商余兆鼎，为了父母开心，竟不惜运用善意的谎言，可见在孝顺父母方面，他费尽心思。这种孝不仅体现在物质上供养父母，而且体现在以精神愉悦慰藉父母心灵。

【故事链接】

　　古徽州因地少人多，人们为就口食而外出经商。但事实上，经商并非人人盈利。歙人鲍志道常说："吾兹服贾充饶，何非母之教！"（歙县《唐越鲍氏宣忠堂支谱》卷21）然而贾道艰难，成功致富者毕竟少数，更多的人长年在外辛苦经营所获无几，但为了欢愉长亲，还不得不假充致富，强颜欢笑。清代余兆鼎就是其中之一。

【延伸阅读】

　　"孟武伯问孝，子曰：父母唯其疾之忧！"（论语·为政》）孔子认为，孝不仅是能养能敬，还指子女应使父母只关心自己的身体健康而不必担心别的事情。

【原文】

父病，辍弃业驰归，竭力侍奉终身。父殁，哀毁骨立，终丧乃复出为商。

【译注】

父亲生病时，金尚鳌放弃事业赶回家，竭尽全力侍奉父亲到最后。父亲去世后，他哀痛得毁容、瘦骨嶙峋，为父亲守完孝才重出门继续经商。

辑自同治《黟县三志》卷61，《人物·孝友》。

【感悟】

俗话说，要以事业为重。为了事业而没有见到父亲或母亲最后一面的人很多，但是徽商为了表明孝心，可以放弃事业，这种精神值得嘉奖。难能可贵的是，不仅在父母去世后尽孝，父母在世时更是尽孝。孝并不是做给别人看的。

【故事链接】

徽商为对去世父母尽孝而千里奔丧、歇贾者屡见不鲜。明代休宁程锁，"父客死淮海，长公哭诵且呕血，则饮泣以安母心……于是日徒足先走百里，不辟祁寒，胝服皆龟，衣无著，枵腹则约腰带加急，甚则斧求以代斧糜"（汪道昆《太函集》卷61，《明处士休宁程长公墓表》）。

【延伸阅读】

孟懿子问孝，子曰："无违。"樊迟御，子告之曰："孟孙问孝于我，我对曰：'无违。'"樊迟曰："何谓也？"子曰："生，事之以礼；死，葬之以礼，祭之以礼。"（《论语·为政》）所谓"无违"，指的是生、死、祭均不违背周礼。"违"有两种含义：一是不及，二是过制。过与不及，均不符合礼。违礼，等于违背孝道。孔子的回答对尽孝的外在行为提出了更高的要求。他要求子女不仅仅要对在世父母应曲尽孝道，对去世的父母依然以"孝"一以贯之，恪守服丧之礼数。

修身金言

【原文】

仰事俯育①为生人事,功名身外物也,奈何以外物轻身命,堕先业乎?

【译注】

①仰事俯育:上要侍奉父母,下要养活妻儿。泛指维持一家生活。

侍奉父母、养活妻儿才是人生的大事,功名是身外之物,怎么能因为功名而轻视生命,放弃先辈的事业呢?

辑自《休宁率东程氏家谱》卷11,《程母吴孺人传》。

【感悟】

这是程锁母亲劝他弃儒经商时说的话。人生在世首先要做的是尽职责、尽义务,而徽商的首要职责、义务是维持一家的生计。为了一家的生计,可以放弃自己的喜好,包括儒学。

【故事链接】

曹文修少年业儒,父死后,家境贫寒,母劝其业贾。"公(曹文修)惧伤母心,遂舍儒而贾以为养",最终"五年而中(贾),十年而上(贾)矣"(张道昆《太函集》卷43,《赠奉政大夫户部贵州清吏司郎中曹公传》)。

【延伸阅读】

谆谆教子,从儒从贾

徽商长期在外,教育子孙的任务也落到徽商妇的身上。她们一般都能够面对现实,为儿子从儒或从贾做出抉择。生活拮据时,徽商妇多坚持子孙从商。徽商妇在规劝子孙从商时,能循循善诱,显示出对世事的练达。休宁程君之子程锁习受儒业,至"病且窭",程锁之母惧,劝说儿子道:"仰事俯育为生人事,功名身外物也,奈何以外物轻身命,堕先业乎?"(《休宁率东程氏家谱》卷11,《程母吴孺人传》)程锁于是承志从贾,起家累巨。程母轻功名的思想教育,使儿子的人生道路发生了重大转折。

棠樾大盐商鲍志道,年幼时"夜诵所读书必精读,母色喜,然后敢卧"。其母早逝,他常曰:"吾兹服贾充饶,何一非母之教?"(《歙县棠樾鲍氏宣忠堂支谱》卷21,《中宪大夫肯园鲍公行状》)可见,其母早期的严格要求,对于他今后的经商成功大有裨益。

【原文】

> 学者以治生为本,安能久拘笔墨。

【译注】

学者应该以谋生计为根本,怎么能久久地拘泥于笔墨而不干实事呢?

辑自《旌阳程氏宗谱》卷13。

【感悟】

这是程声玉说的话。他起初学习举子业,继而投笔从商,发出这种感叹。

学是为了用,也就是要学以致用,否则学了有何用。

【故事链接】

祁门伊川人倪慕麟,"习儒不得志,废书叹曰:'男子生桑弧蓬矢六,以射天地四方,不贵则富,安事毛锥子终老乡井乎?'……不数载辄拥素封"(《祁门倪氏家谱》卷下)。

【延伸阅读】

乐于服贾

封建社会时期,商人处于四民之末,社会视从商为贱业。明清时期的徽州却兴起了服贾之风,"大抵徽俗,人十三在邑,十七在天下,其所蓄聚则十一在内,十九在外"(《徇州山人四部稿》卷61),出现了"天下之民,寄命于农,徽民寄命于商"的局面(《休宁县志》卷6)。他们认为"士商异术而同志",贾儒只有职业之别,没有贵贱之分。在效用上、人格上贾儒是相通的,在治生上贾胜于儒。商业利润的刺激,仕途的艰难,使徽州人认识到服贾的优势,他们热衷于服贾,甚至不屑于读书入仕,以"商贾为第一等生业,科第反在次着"(明凌濛初《二刻拍案惊奇》卷37)。

【原文】

丈夫有志,当壮游四方,乌能郁郁久居牖下?

【译注】

大丈夫有志向,应当趁壮年时游四方,怎么能长久待在家郁郁寡欢呢?

辑自婺源《董氏宗谱·睿川董绳武公行状》。

【感悟】

这是婺源游山人董绳武说的话。穷则思变,与其饱读诗书而贫死家中,还不如运用所学到外面闯一闯,或许还有致富的希望。

【故事链接】

锐 意 进 取

不满现状,立志经商。徽居万山环绕中,川谷崎岖,峰峦掩映,山多而地少。"惟服农力穑,乃可自立"(绩溪《上川明经胡氏宗谱》下卷)。但一遇到"时逢荒歉,民则坐以待毙"(《祁门倪氏族谱》卷续)。徽州人不满足于现状,他们抓住机遇,以经商来改变命运。

婺源游山人董绳武,"中年以家贫弃儒业贾。尝谓人曰:'丈夫有志,当壮游四方,乌能郁郁久居牖下?'为人倜傥有志节,善气迎人。遂挟赀走天下,游姑苏,商于江湖数十年,沐雨栉风,拮据经营,业骎骎起"(《婺源董氏宗谱·睿川董绳武公行状》)。乃至于在徽州出现了"闭户不出者,即群而笑之,以为其崎嵚若此也"(康熙《徽州府志》卷2,《风俗》)的现象。

【延伸阅读】

许多徽商白手起家,积极进取。我们考察徽商发家史,会发现绝大多数徽商出身微寒,白手起家,真正官宦子弟经商的很少。他们有的以嫁妆作为资本,有的辛苦积攒,有的则从雇工、帮工干起,有的则利用贷本经营或合资经营,集腋成裘,慢慢发展壮大。江应萃,婺源人,"家贫往浮梁为佣",后积累资金开瓷窑,终致富(《婺源县志》)。徽商大贾,如胡开文、江春、鲍志道还有稍后的胡雪岩,无不是白手起家的。

十四、利济宗族

【原文】

> 挈^①其亲戚知交而与共事。以故一家得业,不独一家食焉而已,其大者能活千家百家,下亦至数十家数家。

【译注】

①挈:指携带、带领。

带领亲戚、知交共同经商。因此一家经商成功,不仅仅是一家有饭吃而已,能力大的能够养活千家百家,能力小的也至少能养活十家或几家。

辑自金声《金太史集》卷4。

【感悟】

徽州人的宗族观念强,外出经商大　这样的人是屡见不鲜的。
多会帮助乡亲。在徽州商人中像章策

【故事链接】

李大祈,字惟成,别号松峰,生于嘉靖壬午,曾豪言:"丈夫志四方,何者非吾所当为? 即不能拾朱紫以显父母,创业立家亦足以垂裕后昆。"于是弃儒服贾,挟策从诸父昆弟为四方游,遍历天下大都会(婺源《三田李氏综宗谱·环田明处士松峰李公行状》)。

【延伸阅读】

托物言志，寄景抒情

徽州的宅第大多精致、儒雅、不俗气，这归因于儒化的现实。置于其中，我们还会看到许多述徽商商旅生活的木雕作品。例如，徽商胡贯三居内的商旅回归图，此木雕长不盈尺、宽三寸，以山水为背景，竹林曲径皆层次分明，细致逼真。其中，一年轻妇人倚庐眺望，流露出郎归来的脉脉情思；而一男子则携着雨伞，背着包袱，风尘仆仆地从山道上走来，一副归心似箭的神态。据说此木雕正是胡氏祖上商旅生活的写照，商人情怀一览无余。

【原文】

> 吾有遗恨二：吾族贫且众，欲仿古立义田、置义塾为经久计；吾乡多溺女，欲广为倡捐，俾生女者个给费以变其俗。

【译注】

我有两个遗恨：其一，我们家族贫穷的人很多，因此为长久之计，希望模仿古代设立义田，设置义塾；我们乡溺死女婴的情况较多，因此为了改变这种劣俗，希望能广泛地提倡募捐，给生女孩的家庭一定补助。

辑自绩溪《西关章氏族谱》。

【感悟】

绩溪商人章灿然不仅注重自身修养，还能做到德润乡里，为家乡、为别人着想，一心为家族、为家乡多做贡献。

【故事链接】

徽州木雕中"八仙"题材的作品

除了"明八仙"铁拐李、张果老、汉钟离、吕洞宾、曹国舅、韩湘子、蓝采荷、何仙姑这些人物形象之外，还有一些"暗八仙"即八仙手执的器物，比如铁拐李的葫芦，吕洞宾的剑，韩湘子的竹箫，何仙姑的荷花等。"八仙过海，各显神通"，在徽商看来，其实是说一种生意经（《文化徽州》编委会《文化徽州》）。其一，那些飘浮在浩瀚商海之中的徽商们，恰似各路神仙，要想飘洋过海，立于不败之地，必须自有招数，各尽其能。其二，在经济伦理上，徽商打破了传统的"荣宦游而耻工贾"的价值观，他们尊崇的是"四民异业而同道"、"仕必登名、农必积粟、工必作巧、商必盈资"的择业观。

【延伸阅读】

徽商的大门两侧为何总是雕有"商"字?

这是源于徽商的自卑心理。在封建社会，世俗看不起商人，因此，徽商在大门上雕琢一个"商"字聊以自慰。这样做的结果是：无论什么人，即便位高权重，只要来到徽商人家就必须得低着头从这雕有"商"字的大门下穿过。对此，另有一种不同的声音是：在等级森严的封建社会里，徽商们怎敢如此造次？在他们看来，徽商府中的这个"商"字，实为梁柱两侧的门额，其中部常雕刻有精美的深浮雕戏文图样或吉祥纹样，两侧多为繁缛的花卉或鸟兽纹样，上置精美的龙须纹或拐子龙纹柁墩，下部有雕花梁托相连。由于整个外形似古钱币，徽州一带俗称"元宝梁"。不同的解释，见仁见智。

【原文】

> 祭之犹言察①也。察者，至也。言人事至于神也。

【译注】

①察：观察，仔细看。

祭祀的时候要仔细观察。察指的是达到的意思,也就是说人事能够到达神灵那里。

辑自《重刻申阁老校正朱文公家礼》卷8。

【感悟】

"祭如在,祭神如神在。"(《论语·八佾》)意思是,祭祀祖先就如同祖先真在那里,祭祀神就如同神真在那里。

在祭祀的时候一定要从心里感受祖先、怀念祖先。

【故事链接】

族长之权主要是主持祭祀礼仪,这是宗族活动最隆重的大典。祭祀时,族长俨然以祖宗化身自视,在堂上亢声宣读祖训,族众俯首听命。在祖宗神灵前聚族宴饮时,族长高坐堂上,接受族众"奉觞称寿"和揖拜。

【延伸阅读】

万安古镇是徽州四大古镇之一。万安古镇在安徽省黄山市的休宁县境内,位于休宁县城东4公里处,为昔日徽州四大古镇之一。

古镇背后的横江由西向东呈马蹄形绕过。明清时期,随着徽商的崛起,万安成为下通州治(今歙县)、杭州,上达安庆、赣湘的重要水陆通道。而那条依横江而建的五里街衢,更是以浓厚的文化气息和丰富的商业内容闻名遐迩,成为明清时期休宁九大街市之首。"小小休宁城,大大万安街",形象而直率地贬低一个县治所在地,而来夸耀一条街道,足见万安老街的底气和实力。根据史料记载,万安老街距今至少有1700多年的历史了。三国吴永安元年(258年),孙休即位,改"休阳"为海阳,将县治迁往休宁城东的万寿山。宋朝改称万寿山为万安山,然而老百姓都爱叫它古城岩。于是,万安的古城岩便成了休宁的第二座县城。这座古城前后使用了484年。现如今的休宁县城由于经历了诸多人世变革,已难以看到作为县治所在地的历史遗迹了,只有一些古街巷名还能够让你觉察到昔日的古风遗韵。作为距县城仅4公里之遥的万安古镇,因经济的"滞后",反而留给后人一处原汁原味的古朴天地。

【原文】

祠而弗祭，与无祠同。

【译注】

有祠堂而不祭祀，就与没有祠堂是一回事。

辑自《重修古歙东门许氏宗谱》卷8。

【感悟】

从明中叶到清中叶，是徽州宗族对乡村的统治不断加强的时期。宗族通过修谱、建祠、祭祀、团拜活动，从思想、组织上加强了统治，又通过制定族规家法，把族人的言行限制在宗族规定的范围内。族产的设置和迅速扩展，发展到后来，在乡村经济中占绝对优势地位，形成"穷村乡，富祠堂"的局面，使族人从经济利害关系上与宗族紧密联系在一起，不得不俯首贴耳听命于宗族的权威，而这种"听命"，在很多情况下是心甘情愿的。

【故事链接】

家族制度趋于成熟

明清时期，徽州的家族制度逐步趋于成熟，形成以祠堂、族长、家谱和族田为核心的完备体系。祠堂是祭祖的场所，也是族人团拜的地方。元旦拜祭和四时祭都是在祠堂举行的。在祠堂灵神面前举行的祭祀、族食、团拜，使日益疏远的血缘关系不致于淡薄，祠堂也就因而成为维系宗族团聚的纽带。其次，祠堂也是正俗教化、宣扬封建礼教和伦理道德的地方。这些都是结合祭祀、族食、团拜、读谱、读乡约进行的。最后，祠堂还是执行家法宗规、惩治族众和佃仆奴婢的场所，起到法庭的作用。

【延伸阅读】

家谱

家谱,又称族谱、统宗谱、世谱、世牒、支谱、房谱、家乘,等等。立谱是为了明族属,"识其本源"(《新安世家梢云吴田吴氏族谱》卷首);为了纪世系,叙昭穆,辨亲疏,亦即明确后裔身分,及其讲究尊卑嫡庶等级,它有尊祖、敬宗、睦族的意义。

【原文】

然世俗浇漓①,故家名族,祁非不有。但知以货殖为尚,而能尊详其所自出者,曾几何人?

【译注】

①浇漓(jiāo lí):浮薄不厚。多用于指社会风气浮薄。

但是社会风气浮薄,因此名门望族,其门并不是没有。只知道崇尚经商,而能知道自己是出于哪一个宗族的人,又有多少个呢?

辑自《祁门高塘鸿溪王氏家谱·附录》。

【感悟】

若不能致力于家谱编修,即使是富　比王侯,也会在道义上被人所轻。

【故事链接】

为顺利编修家谱提供资金保障

家谱的修撰是一件需要大量资金才能完成的事业,许多人都心有余而力不足,这种情况在徽州历史上经常出现。吴氏家族中的吴阀说:"复念一鸠,厥工费用浩繁,窃恐力不能支,难以岁月计。越异日以事昭石桥族弟秉宏,因述先人之业,欲竟而不得也。秉宏乃慨然许助三百金为倡……夫然非秉宏弟乐助于其始,诸同人协辑于其终,其何以复遗命,奏厥功哉。"(《休宁左台吴氏大宗谱·吴阀序》)正是由于族人吴秉宏出资相助,吴阀才得以完成自己的心愿,编修好族谱。

【延伸阅读】

贷本经商

借高利贷从事商业经营,是徽州商人资本的重要来源之一。金声《与徐按院书》指出:徽州人"虽挟货行贾,实非己货,皆称贷于四方之大家,而偿其什二三之息,但以运货于其手,则伊若如其所有,而以为此民货也"。婺源人江汝元便是以贷本经商起家,终致大富。

【原文】

康熙乙未①竹里纂修宗牒,荷蒙垂青,屡次邀集,恨余有心无力,有愿难偿,派少丁稀,难于梨枣,欲置之而不忍,欲附骥而趑趄②。嗟乎! 未与竹里同修者约有数派,不独我派而已也,因志数言如祝版,以虚望于将来,后之子孙务宜继余之志,毋勉行之勿以余言为谬,是余之厚望也。

【译注】

①康熙乙未:1715年。②趑趄(zī jū):欲前进而犹豫不前。

这段话记录了周寄寿修谱时遇到经费不足的困难,心有余而力不足,因经费不足打算要放弃又不忍;面对现实,只能寄希望于将来,寄希望于子孙。

辑自《绩溪仙石周氏宗谱·旧序三》。

【感悟】

经费对于修谱而言是十分重要的事，甚至是头等大事。可见，徽商的积极支持，使这一问题顺利解决。许多家谱都记录了修谱时的经费困难，一些家族最后得以解决，也有一些家族支派因无力承担费用而未完成家谱的修撰。如上，康熙六十年(1721年)周寄寿所言，从中可以看出周寄寿的无奈之情，虽然他对修谱是有强烈愿望的，但"有心无力，有愿难偿"，尽管他没有直接说是由于经费不足而无法预修家谱，但其弦外之音是十分明显的，缺少足够的资金当是其主要原因。

【故事链接】

据《黟县志》载："江梦勋，字禹功……以廉贾起家……与族人修族谱，筑东溪桥，造北巘路。"(同治《黟县三志》卷7《尚义》)《婺源县志》也记载，当地致力于修谱的徽商有"俞铨，字以湘，龙腾人。幼失怙……后经商赀裕，为支祖立祀田祭扫，修葺本支谱牒，凡先茔未妥者卜吉安葬，费不下千金"，"吴永钥，安金声，梅溪槎坑人……尤笃根本，修祀厅、葺宗谱，所费不下五百金"，"胡正鸿……若修谱牒，葺祖茔，费皆得任"(光绪《婺源县志》卷35，《人物》)。可以说在当地捐资修谱已成一种风气。

【延伸阅读】

从明清徽州家谱历史来看，徽商对明清家谱发展产生影响，最主要的就是经费的支持。据徽州文献资料记载，热心于家谱编修、积极提供资金支持的徽州商人较为普遍。如棠樾鲍氏家族中，鲍肯园"先生由困而亨，顾恒思于物有济，修宗祠、纂家牒、置田赡族，人之不能婚者，举苦节之不能请旌者，则有关于伦纪"(《歙县棠樾鲍氏宣忠堂支谱》卷21，《鲍肯园先生小传》)。另一名鲍氏家族成员鲍光甸，"字治南，蜀源人。幼通经艺，长往扬州营盐策，性俭约而乐于济人。于族中置祠产义田，修谱牒，立家塾于里中，设社田，治坏道，葺废桥，凡有匮乏者，告必应。后以子孙官，累受封赠"(民国《歙县志》卷9，《人物志》)。

【原文】

> 中人之性得教则习于善，失教则流于恶，为父兄者各宜督之，使归于仁厚，各习一业，切不可听其游手好闲、烟赌酗酒，以入不肖之途。

【译注】

有中人之性的人受到教育能够向善，得不到教育会从恶，做父亲和兄长的都应该督促他们，使他们归向仁厚，各自学习一项事业，千万不能听任他们游手好闲，抽烟、赌博、酗酒，以免走上不孝的道路。

辑自光绪《绩溪华阳邵氏宗谱·卷首·新增祠规》。

【感悟】

对于本性一般的子弟，要加强对他们的教育。虽然不指望他们有大的成就，也不能放弃他们；要引导他们向善，学习一门技术，以具有自谋生路的能力。

【故事链接】

董仲舒"性三品"

董仲舒认为，人性受之于天命，这种受之于天命之性，既有善的因素，又有恶的因素，人"有善善恶恶之性"。由此出发，他根据孔子的"中人以上"和"中人以下"的思想，而提出了性三品论，并作了具体说明。

董仲舒把人性分为三种：一是情欲很少，不教自善的"圣人之性"；二是情欲很多，教也不能为善的"斗筲之性"；三是有情欲，而可以为善亦可以为恶的"中民之性"。董仲舒认为，性善、性恶之论，都是不足称的，只有善善恶恶才足以称为性。

【延伸阅读】

"徽商"一词在文献中出现的时间

复旦大学历史地理研究中心王振忠教授认为：就目前所见，以《四库全书》收录文献的情况来看，"徽商"一词在文献中出现的时间，较早的是在明代正德年间(16世纪初)，比以往所认为的15世纪后期的成化末年要晚几十年。综合其他史料分析，至万历年间，"徽商"一词在社会上的使用已极为普遍。

《明实录》中出现"徽商"一词较早的，见于《明神宗实录》卷434，万历三十五年六月乙未条："今徽商开当，遍于江北，赀数千金，课无十两，见在河南者，计汪充等二百十三家。"地方志中对"徽商"的记载，也大批出现于万历年间，如万历《杭州府志》卷19，《风俗》、万历《嘉定县志》卷1《市镇》等。笔记中也有不少记载，参见万历时人谢肇淛《五杂俎》卷14，《事部二》、沈德符《万历野获编》卷6,《内监·陈增之死》、明佚名所著《云间杂志》卷下，等。

【原文】

> 子弟七岁以上则入小学①，从师读书习礼，收其放心，养其德性，使知孝弟忠信礼义廉耻之事。其聪明者，使之业儒，其[期]于有成以光大门闾②。其庸下者，亦教之以农工商贾，各事生业，不得游手好闲。

【译注】

①小学："小学"二字最早并不专门指学校。西汉时称"文字学"为"小学"，唐宋以后又称"小学"为字学。读书必先识字，掌握字形、字音、字义，学会使用。
②门闾：这里指家庭、门庭。

子弟七岁以上就学习小学，跟老师学习礼，收回放失的心，涵养他的德性，使他们知道忠信礼义廉耻。其中天性聪慧的，让他们习儒，期望他们学业有成而光大门楣。其中平庸智力不高的，就教他们农工商贾等生计，使他们不至于游手好闲。

辑自光绪《绩溪县南关许余氏惇叙堂宗谱》卷8，《正德十三年惇叙堂旧家规

十条》。

【感悟】

南关许余氏规定:强调家长为族中智力一般的子弟提供基本的职业教育,让他们拥有一份相对固定的职业,以免使其居无定业,游手好闲。徽商深谙因材施教之道。

【故事链接】

江村江氏商人江胤瑞,"读书过目成诵,至老不忘,中年以家计累谢,去帖括例,补儒士,经营四方,生治日起"(清江淮椿《歙北江村济阳江氏族谱》,卷9《明礼部儒士胤瑞公传》)。江世禄,初习儒,以恢拓先业,未竟厥志,遂弃儒服贾(清江淮椿《歙北江村济阳江氏族谱》卷9,《明处士世禄公传》),从而发家致富。江村江氏商人的高素质及其贾而好儒的经营理念,自然也是他们取得成功的重要原因。

【延伸阅读】

徽州生活风俗中易被分解、较快呈现稀薄化的是居住风俗。如人所知,徽派民居多为三合院四合院之组合体,具有浓厚的聚居特色。

现今婺源的延村,保存着明中期以来民居57栋,以此为基础,整个村落的住宅庭院互相联系,形成了"群屋一体"的布局。人进村以后,从村头到村尾,穿堂入室,每幢房屋都相互贯通,如遇雨雪天气,走遍全村,可衣衫不湿。平时,各家间又有隔门分开,做到了可分可合(惺庵居士:《望江南百调》)。徽派民居的又一特色是"天井"的设置以露天空地为中心,在四周对称建屋,围以高大墙体,令前后高墙堵住两侧山墙,形成两面坡,使雨水从四面汇入天井。这种别出心裁的设计,旨在防盗和汇聚财气,适于徽州四面环山的地理环境。

【原文】

专务利济①，族中茕②苦者，计月给粟。设茶汤以待行旅，制棉絮以给无衣，施医药以治病人，设义馆以教无力延师者，岁费凡数百金。又每岁施棺，行之数十年，所费以万计。

【译注】

①利济：救济，施恩泽。②茕（qióng）：没有兄弟，孤独，忧愁。

（明歙人汪光晃）专门从事救济，对于家族中孤苦无依的人，按月发给粮食。设茶汤招待行旅之人，缝制棉衣给没有衣裳的人，施药为人治病，设置义馆教育无钱请老师的人，一年都要花数百两银子。同时，每年还施舍棺材，这样救济几十年，花费了数以万计的钱财。

辑自道光《安徽通志》卷196。

【感悟】

"从善如流，下善齐肃，不藏贿，不从欲，施舍不倦，求善不厌，是以有国，不亦宜乎？"（《左传·昭公十三年》）意思是："接受善意的规劝，像流水那样快而自然；对待臣子整齐严肃，不藏匿财物，不放纵欲望，施舍不疲倦，求善不满足，因此而有自己的国家，不也是应该的吗？"徽商如此乐善好施，为自己赢得了很高的威望。

【故事链接】

大力捐助、参与甚至亲自主持宗族的荒政事务，使徽商在宗族内的威望逐渐提升，对宗族的控制力也进一步加强。义行婺源商人俞大霭，"远近祖先，俱置墓田、隆祀典，殁前三日，犹捐百余金，资贫族生计，人甚德之"（光绪《婺源县志》卷28人物）。

歙县商人汪元恂，"庀材伐石，筑广厦于里之西偏，以处周亲……郑参政以'尚义'二字额其间，大理知府郑恭为作《义宇记》"（民国《歙县志》卷9，《人物》）。

【延伸阅读】

　　乾隆年间,歙人许登瀛任衡永郴桂四郡观察使时,捐输一万五千金,强买汉口新安会馆附近的店房,扩大会馆出入的路径,镌新安巷额,开新安码头,方便行商坐商的出入往来。

【原文】

　　族中子弟不能读书,又无田可耕,势不得不从事商贾,族众或提携之,或从它亲友处推荐之,令有恒业,可以糊口,勿使游手好闲,致生祸患。

【译注】

　　家族之中有的子弟不擅于读书,而且又没有田地可以耕种,形势逼人不得不经商,族里有人提携他们,向亲朋好友推荐他们,使他们固定的事业,可以糊口,不使他们游手好闲,以致生出祸患。

　　辑自《茗洲吴氏家典》卷1。

【感悟】

　　在很大程度上徽州宗族对徽人从　商采取了更为积极的态度。

【故事链接】

　　乾隆年间,徽商对徽州最大书院"紫阳书院"先后捐银2.62万两,其中相当一部分为盐商所捐。有的家族甚至明确规定,对族中聪颖好学的子弟,无力从师者,必须给予资助,并将此列入家典,世世遵行(吴青羽《茗州吴氏家典》卷1)。

【延伸阅读】

　　徽商除重视本族学堂教育外,对家庭教育也倾注了大量的心血。为了子女的教育,家长无论生活多么贫寒也要不惜一切代价让子女上学读书,培养他们的慎敏好学,磨炼他们善于进取的性格。家教中,他们总是有意识地开展"吃苦教育"、"挫折教育",以期增进从业子弟克服困难的意志和耐力。从徽商建筑及宅内布置上我们可看到明清徽商言传身教这一基本教育方式方法在家庭内的运用以及他们对家教艺术的领悟程度当时徽商之住所,房屋隔断木雕所刻极多的是"冰梅图",相当多的半片梅花落在一方方冰上的图案,寓意着"梅花香自苦寒来",读书人"十年寒窗",终能金榜题名,一鸣惊人。厅壁上所挂中堂,更以特殊的形式烘托出徽商的"贾而好儒",展现着徽商的理想和追求。

【原文】

资质颖敏,苦志读书者,众加奖励。

【译注】

宗族众人对资质聪颖敏慧又立志读书的子弟加以奖励。

辑自民国《黟县志》。

【感悟】

　　这是歙县黄氏家训的规定,奖励善于读书,又立志读书的子弟,以此促进家族的繁荣,提高宗族地位。无论动机是什么,都促进了文风的昌盛,推进了文化的传承与发展。

修身金言

【故事链接】

徽州被称为"东南邹鲁"

　　"邹鲁"原指春秋时的邹国和鲁国,孟子生于邹,孔子生于鲁,是文教兴盛之地的代称。古徽州地处东南,文教昌盛,名人辈出。自宋开始,在全国已有相当大的影响。南宋绍兴年间(1131—1162),著名诗人范成大任徽州司库参军,在任上曾作《次韵知郡安抚九日南楼宴》诗,其首句为"斯民邹鲁更丰年,雅道凄凉见此贤",首次将徽州比作"邹鲁"。元末,休宁学者赵汸,字子常,号东山,在《商山书院学田记》中称:"新安自南迁后,人物之多,文学之盛,称于天下……故四方谓东南邹鲁。"首次正式提及以"东南邹鲁"指代徽州。拥有辉煌灿烂的文化传统的古徽州,被誉为"东南邹鲁"的确十分精当。

【延伸阅读】

　　徽商重视对子孙的培养教育,处处都体现了他们望子成龙的期待和良苦用心。

　　一是让固定的建筑、装饰充分发挥教育功能。厅堂里的匾额、对联、字画都是为宣扬"诗礼传家"的宗旨而设。装饰上的三雕图案表现最多的也是寒窗苦读、进京赶考和封侯拜相等内容,就是让子孙后代耳濡目染,打上功名利禄的思想烙印。

　　二是设立族学、书院,聘请名师教授子孙。据康熙《徽州府志》记载,当时徽州有县学 5 所,社学 562 所。《新安志》记载,徽州"书院凡数十,以紫阳为大"。宏村的南湖书院、雄村的竹山书院等一些有名的书院,都在历史上发挥了重要作用。

　　三是苦心劝学、激活子孙的读书潜能。在歙县雄村至今还传诵着一个姐弟劝学的感人故事。内容是说父亲做了高官,而弟弟却顽劣不爱读书。姐姐就苦心相劝,弟弟夸海口说:他日我定为官,且胜吾父。姐姐怕弟弟言而无信,就激他说:你若为官,我当出家为尼。弟弟从此用心读书,果然考中进士,入朝为官并胜过其父。姐姐不食前言执意出家,弟弟为感姐姐劝学之恩,亲自为姐姐就近建造了一座庵堂。类似的故事都生动地表达了徽商对科第传家的渴望。

　　四是用祖训、族规约束子孙走科举入仕之路。歙县黄氏家训规定:"资质颖敏,苦志读书者,众加奖励。"休宁吴氏家规对"无力读书者"做了"当收而教之"的规定。绩溪胡氏《祠规》还做了赏罚的规定:"会试者每人给盘费十两"、"登科贺银五十两"、"甲第以上加倍",少年读书"不文者罚银二钱"。更为严厉的族规还有"三世无读书、三世无仕官、三世不修谱,则为下流人"的规定。这种激励和警示都收到了明显的效果，致使科举入仕者不断增多，名人学士不断涌现。雄村是一个人口不足 2000 人的小山村，仅在明清两代，中举者就达 52 人之多，并出现过"同科五进士，一朝三学政"的科举奇迹。有理学渊源的理坑村，历史上先后涌现的文人学士就有 92 人，留传的著作达 582 卷，有 78 卷被收入《四库全书》。休宁县因考中的状元数量最多，而被誉为中国第一状元县。上庄村因出过胡宝锋、胡铁花等名宦和大学者胡适而被称为"文化之乡"。

十五、培育子弟

【原文】

> 吾家仲季守明经,他日必大我宗事,顾我方事锥刀之末,何以亢宗? 诚愿操奇赢为合门内治祠事。

【译注】

我们家老二和老三一直坚持学习儒业,总有一日会光大我们宗室,倘若都像我这样经商,拿什么来光大我们宗室? 因此,我宁愿如此辛苦经商为他们创造业儒的条件。

辑自《太函集》卷72,《溪南吴氏祠堂记》。

【感悟】

在科举时代,习儒正是为了入仕。 穿了就是希望他们将来能够取得功名,徽商如此关心、支持子弟读书向学,说 "大吾门"、"亢吾宗"。

【故事链接】

所谓"贾为厚利,儒为名高"。歙县商人吴珮,以经商起家,但总是心里感到不满足,他对正在读书的第二、第三个儿子寄予厚望,常对他的妻子汪氏这样说。

【延伸阅读】

徽商形成的几个特征

一是人们摒弃了以经商为耻的传统观念,纷纷走出家乡,到外地经商,活跃于各地市场。

二是徽州人结伙经营的现象已经非常普遍,大家以宗族乡里关系为纽带,结成规模庞大的群体。其中资本雄厚的商人首领对众商予以财力上的支持,并在业务上加以指导。遇到需要大数量资金的商业项目,也能够协同经营,利润共享。

三是"徽商"、"徽贾"作为一种特定概念的名词,被当时的人广泛应用。由于徽商有其共同利害、共同特征,他们又往往结伙经商、共同行动,所以人们在实际生活中已把徽商视为一个群体。

四是作为徽商骨干力量的徽州盐商已在两淮盐业中取得优势地位。

【原文】

> 噫!客乌知大体哉!昔汉得一良相陈平者,是谁之力欤?乃由平之兄陈伯也。《陈平传》载:陈伯纵弟平学,而陈伯肩家事,肆陈平学成相业也,吾独不能为陈伯乎!

【译注】

你难道不知道识大体吗?汉代得到一位良相陈平,是谁的功劳?是陈平的长兄。《陈平传》记载:陈伯为了让弟弟安心学习,自己担当家事,使陈平成就了相业,我难道不能做陈伯吗?

辑自歙县《许氏世谱》第5册,《明故处士莲塘许君行状》。

【感悟】

正是因为有很多像歙县许莲塘这样的商人敢于舍己为人，在经商成功后仍然不改节衣缩食的良好习惯，对子弟的教育舍得花费大量钱财，毫不吝啬投入，所以才培养出来很多学业有成的子弟。

【故事链接】

歙县商人许莲塘经商致富后，宁可自处粗粝，也不惜重金延揽名儒教育诸弟。有人对此大惑不解："子之诸弟容容与与，息游儒林。子胡自苦犯晨夜，冒霜雪，焦神极能耶？"他振振有词地回答："噫！客乌知大体哉！昔汉得一良相陈平者，是谁之力欤？乃由平之兄陈伯也。《陈平传》载：陈伯纵弟平学，而陈伯肩家事，肆陈平学成相业也，吾独不能为陈伯乎！"（歙县《许氏世谱》第五册《明故处士莲塘许君行状》）原来，许莲塘含辛茹苦，呕心沥血供养诸弟读书，是希望他们能早日撷取功名，博得高官。可以说许莲塘的这段话也表达了所有徽商的愿望和心态。

【延伸阅读】

以读书穷理、格物致知为修身之道。朱熹认为"穷理之要，必在于读书"，"不读书，即义理无由明"（宋黎靖德《朱子语类》）。参透天理的关键在读书；如果不读书，就不能明白义理。

【原文】

须知难得惟兄弟，务在相孚[1]以性情。

【译注】

[1]相孚：相互信任辅助。

此联的本意是：兄弟乃手足，缘分实难得，务必用真情与禀性取得相互的信任和辅助。

辑自倪国强编著《黟县民间古楹联集萃》。

【感悟】

　　徽商在南宋崛起时还是一个不起眼的小帮，明时成为商界一支劲旅，清时则跃居为十大商帮之首，其中有两大特点别于其他商派：一是贾而好儒，二是以宗族乡里为纽带。"徽州聚族居，最重宗法。"徽州商人的宗族和乡土观念十分浓厚，徽州商帮就是以同族或同乡为纽带组织发展起来的。明清时期，徽商在北京、南京、扬州、武汉等许多城市，都集资修建了专供徽州籍商人活动的公共场所——会馆。在有些城市还专门为徽商子弟修建徽州学馆，以维系第二代徽商的宗族乡土情结。会馆作为联络同乡感情、交流商业信息、维护徽商利益的机构，对徽商的形成和发展起了重要的作用。

【故事链接】

　　徽商张懋仁协助胞弟经商于临江清江镇，兄弟俩凭一个"诚"字同心协力做生意，一个是"怡怡雅饬，一钱不私"，一个是"服其德量，无敢欺翁"，结果他们"雄产乡邑"。

【延伸阅读】

　　徽商的宗族观念很重，外出经商总是按血缘、地缘聚居，往往是父带子，兄带弟，叔带侄，舅舅带外甥。徽州人外出经商，在城镇落脚之后，宗族中的人马上就会随之而来，其后乡党也会随之而来。这种以亲情血缘关系为纽带的宗族团体参与市场竞争，在集聚财力、物力、人力及统一行动方面占有很强优势。

【原文】

> 积德不倾择交不败，读书不贱守田不饥。

【译注】

　　积德行善就会身正不怕影子斜，有选择性地结交朋友就会立于不败之地；认真读书就不会永远贫贱，不废耕田就不会饥饿。

　　辑自《黟县民间古楹联集萃》。

【感悟】

　　此联在警示人们，处世要积德，交友应选择，欲想不低贱必须把书念，终生不挨饿，就得种好田。全联由四个排比构成，一气呵成，表达了强烈的思想感情。

【故事链接】

　　在徽州人崇文重教的社会风尚中，对当代社会教育起码有三点启示：一是注重家庭教育的熏陶作用，如"养儿不读书，不如养窝猪"；二是注重均衡教育，如"十户之村，不废诵读"；三是注重官民结合办教育，机构众多，形式多样。如府(州)学、具学、书院、社学、村塾、家塾、学馆、义学等等。因此，才有徽州历史上众多科举入仕者，呈现出"一门九进士，十里四翰林"的现象。当前，我国提出要形成学习型社会，最终落脚点是要提高全民族的思想文化素质，如何办教育？从古徽州崇文重教的社会风尚中可以受到诸多的启发。

　　古徽州为官重德的价值取向从多方面给我们的启示：一是加强干部队伍廉政建设思想教育是前提。古徽州的许多为官者之所以能够做到清政廉洁，主要是受了儒家仁爱学说和礼义廉政思想的教育。当代干部队伍的廉政建设，首要的还是加强思想教育，要以马克思主义的世界观、人生观、价值观、荣辱观教育我们的干部，要使他们从思想上明白是非标准，从行动上明白什么事能做，什么事不能做。二是加强干部队伍廉政建设，严格自律是根本。古徽州的清官廉史之所以能够为官重德，主要是自己内心所确定的成为清官的信念所支撑，所以，廉政建设中，一定要使我们的干部牢固树立全心全意为人民服务的宗旨，严格自律要求，从内心世界能够做到自重、自爱、自省、自励。

【延伸阅读】

　　"业儒"出身的商人，在经营活动中，多以儒道经商。这是徽商舍小利而谋大利，从而迅速起家的个中"奥妙"所在。徽商自幼受儒学教育，儒家的一些道德说教，成了日后他们立身行事的指南。因此，他们能"以诚待人"、"以信接物"、"以义为利"。当然这些"诚"、"信"、"义"，是他们求得"快快发财"、"一本万利"的手段。但以儒术建立起来的商业道德，利于生意兴隆和发财致富是不容置疑的。

【原文】

吾侄鲜兄弟，难自立，以市业分之，其善自保可无饥寒矣。

【译注】

我的侄子兄弟很少，难以自我独立，我们把市场与产业分一些给他，他才好自保而不会受冻挨饿啊！

辑自《艺文·国朝文·程君存斋传》。

【感悟】

"老吾老，以及人之老；幼吾幼，以及人之幼。"(《孟子·梁惠王上》)意思是，尊敬、爱戴别人的长辈，要像尊敬、爱戴自己的长辈一样；爱护别人的儿女，也要像爱护自己的儿女一样。这是孟子评论墨家的"兼爱非攻"时说的。他主张在赡养孝敬自己的长辈时不应忘记其他与自己没有亲缘关系的老人；在抚养教育自己的小辈时不应忘记其他与自己没有血缘关系的小孩。

【故事链接】

黟县商人程志达生性孝悌友爱，他弟弟早逝以后，他抚养弟弟的遗腹子学本领，严格监督侄子干活做事，没有少为他操持家务。不仅如此，他还嘱咐自己的儿子，告诫他们要时刻存仁义之心，要时刻友爱勤劳节俭，帮助孤苦无依的弟弟，以免他忍饥挨冻。

【延伸阅读】

"东瓶西镜"与"终生平静"的生活态度

黟县古民居正厅的画轴下，一般设有条案。条案上通常在正中位置摆着自鸣钟。钟的两侧为瓷器帽筒。帽筒左边摆有古瓷瓶，右边摆着精致的木雕底座镜子。古时称左为东，右为西，所以黟县这种左瓶右镜的陈设，又叫"东瓶西镜"。东瓶西镜的摆设是有着很深内涵的,它取的是瓶镜的谐音"平静",加之中间放有自鸣钟,组合在一起取其谐音就是"终生平静"。体现了当时主人对生活环境的一种希望,同时也反映了当时古徽州人的一种生活态度。生活态度是关于个人采取什么生活方式的一种看法和评价,它受到价值取向的影响,价值取向指导着一个人的生活方式类型和社会行为规范(时蓉华、刘毅:《中国民族心理学概论》)。对于那些丈夫在外经商的女人,这"终生平静"的含义是希望自己在外经商的亲人,在经营活动中,无论走东串西,全都风平浪静,平平安安;而对于那些经营成功,回到家乡颐养天年的商人,"终生平静"的含义是,从此过上平静的生活,没有竞争的紧迫感、危机感,而子孙后代,也在此宅居住,世世代代无灾无祸,平平安安地生活。

【原文】

夫农之望岁,固也。奈何以岁一不登而辍耕乎,且吾业已悔之,汝复蹈吾悔耶?

【译注】

这句话的意思是,农民期望丰年,这是一定的。怎么能因为一年农业歉收而不再耕种了呢?并且我已经后悔弃儒从商了,难道你要重蹈我的覆辙也后悔一辈子吗?

辑自张海鹏、王廷元《明清徽商资料选》。

【感悟】

这是歙县商人汪珌劝慰他两个弟弟的一句话,鼓励他们即使这次失败了也不要紧,关键是坚持儒业,一定会成功,否则会后悔终身。

【故事链接】

徽商在教育子弟的时候,善于寓教于喻,具体形象地阐述道理。如歙县商人汪珊,年轻时因家庭贫困,遵父命弃儒就贾,以供养两个弟弟学习儒业。后来其大弟未中县学,也准备弃儒就贾。汪珊劝导他,把一次科场失利喻作农民的一年歉收,以告诫其弟不可弃儒,顿时提高了其弟的觉悟,于是其弟"感公言,趣归发愤,卒有文名"。又如歙县商人方其柏"尝戒其子矩曰:'葛犹能屈其根,人胡不如?'"(民国《歙县志》卷9,《人物志·义行》)以此诫子维护宗族利益。再如歙县闵氏,其仲子"丁年陆沉,其党讽之学贾曰:'其利速,无宁以于思而希悦来。'"闵氏不想因为经商"利速",而让儿子放弃正在攻读的儒业,为劝子克服急功近利的心理倾向,宜人曰:"树木者芘非旦夕效也。"〔(明)汪道昆《太函集》卷55,《诰赠奉直大夫户部员外郎程次公暨赠宜人闵氏合葬墓志铭》〕她以树木成材为喻,生动形象地说明了耐心等待的重要和锲而不舍追求的必要。用类似特点的事物来比拟想要说的事物或道理,这可以深入浅出地讲清道理,往往会产生意想不到的教育效果。明清徽商家庭能够运用这种教育艺术,表明他们具有丰富的生活经验和社会文化知识。

【延伸阅读】

通信教育子弟

明清时期,通过书信对子弟进行施教的徽商很多,他们在信中所传达的教育内容也无所不包。如黟县商人余光徽在长子就学他乡时,他"书以谕之曰:'为学当修身养性,艺术为次。'"(民国《黟县四志》卷14,《杂志·文录·余光徽传》)以此教子明确读书治学的目的。歙县吴伯清"弃儒就贾淮海之间"不能经常回家,所以他不仅"寓书"其妻,嘱咐她"善课儿",而且直接与儿子吴士奇通信联系,在儿子吴士奇始"成进士"时,他"以书戒曰:'臣无二心,当矢策名之,始俗之渐人,中士尤难自持。'"诫子不要沾染官场的恶劣风习,并在信中写下"宁静"、"淡泊"作为其子为官时的信条(明吴士奇《绿滋馆稿》卷5,《先大夫请状》)。出身于休宁商人家庭的赵吉士回忆说:"不孝令交城时曾制羊裘奉(双亲),先大夫辄遗书切责。自是不孝兄弟虽丝粟不敢寄。""丙辰秋,伯兄(赵吉端)出宰弥牟,先大夫手书时至,谆谆以'尽忠补过,无旷厥职'为戒。"(清赵吉士《万青阁自订文集》,《先考介庵府君行述》)虽在万里之外,封封家书却已把其父的规诫和期望通统带到,在其教诲下,儿子赵吉士"作吏业,置身家性命于度外,惟知殚瘁竭忠"(清赵吉士《万青阁自订文集》,《先姚汪恭人行述》)。

十六、贤德贞节

【原文】

> 少习举子业,已弃去,游广陵淮阴间,以居积起家,家政①悉倚孺人②(吴氏)……泉布③出入,不假簿记,筹算心计之,虽久,锱铢不爽。处士既得孺人,无内顾虑,专精乘时,致资巨万④。

【译注】

①家政:家庭事务的管理工作。②孺人:这里是对妇人的尊称。③泉布:金钱。④巨万:极言数目之多。

(歙县商人黄用礼)少年时学习举子业,后来放弃了,在广陵淮阴间经商,日积月累发家致富,家里的事情都由其妻吴氏管理……金钱出入,不用账簿记录,只在心里盘算,虽然过去很久,但是记得一分一毫不差。黄用礼有了吴氏的帮助,没有后顾之忧,一心经商,挣得大量资产。

辑自歙县《竦塘黄氏宗谱》卷5,《黄母吴氏孺人行状》。

【感悟】

徽商妇真是个贤内助,既能管理好整个家庭事务,又有一定的才能帮助徽　商经商。

【故事链接】

徽商汪忠浩"夫妇之间尤笃伉俪,时值翁(汪忠浩)商外为多,孺人综理家政,各得其所。自甘淡薄,不惮其劳,以故翁罔内顾忧,遂得肆力于商事。每岁遗之钱,孺人出必以俭而归其所余者于翁,不为私蓄计。翁亦自庆以为得妇,而卒能起家累千金者,孺人内助之功不少也"(《汪氏统宗谱》卷31,《行状》)。商人程怪,"业大饶,积逾十倍,皆赖孺人内助也"(许国:《寿思源程公六十序》藏条幅)。

【延伸阅读】

徽州"邑俗重商。商必远出,出恒数载一归,亦时有久客不归者"。更有甚者,"出至二十年、三十年不归"(《魏叔子文集》卷一七《江氏四世节妇传》)者,也所在多有。如歙商许尚质"前后居蜀逾二十年"(歙县《许氏世谱》)。歙商许秩经商"去家二十年,及归,比二月,复为行计"(歙县《许氏世谱》)。可想而知,这些商人经商在外,常年不归,家中一切是无法顾及的。侍奉双亲、抚育子女的重任不能不落在商妇的肩上。事实正是这样,许多商妇在丈夫外出后,勤劳家政,仰事俯育,使徽商解除了后顾之忧,得以全身心地投身商业。

【原文】

> 贾能蓄积,亦犹内德助焉。

【译注】

经商之所以能够积蓄资产,也主要是因为徽商有贤内助。

辑自万历《休宁县志·舆地志·风俗》。

【感悟】

徽商妇之所以能在丈夫常年在外的情况下养活自己、养活一大家子,主要是因为她们不仅勤劳,还节俭,善于精打细算地过日子。

修身金言

【故事链接】

"女人能攻苦茹辛,中人产者,常口绝鱼肉。日夜绩麻挫针,凡冠带履袜之属,咸手出,勤者日可给二三人。丈夫经岁客游,有自为食,而且食儿女者。贾能蓄积,亦犹内德助焉。"(万历《休宁县志·舆地志·风俗》)这段话主要讲的是,徽商妇能够含辛茹苦克服困难,资产中等的家里也经常吃不到鱼肉。他们日夜绩麻做针线活,凡是身上的穿戴都是亲手所做,一位勤劳的徽商妇能够供给两三个人。他们的丈夫常年在外经商,有的徽商妇不仅要自己养活自己,还要养活儿女。徽商积蓄的资产都要归功于徽商妇。

【延伸阅读】

勤劳的徽商妇

艰难的生活环境,培养了徽州人民勤劳的品质。不少史籍记载,这里人们"耐劳苦",而徽商妇更加突出。徽商长期在外经商,根本无法照顾家庭。他们的妻子发扬吃苦耐劳的精神,毅然挑起持家的重担,无论仰侍公婆,还是俯育子女,无论是户外劳作,还是户内家务,都少不了她们辛勤的劳作。户外田间,她们"刀耕火种,妇子苦营"(《歙问》)。居家除日常操劳外,她们还勤治女红,"日挫针治缝纫锭"。史载:"黟祁之俗织木棉,同巷夜从相纺织,女工一月得四十五日"(康熙《徽州府志》卷2,《风俗》)。在休宁,徽商妇们则是"日夜绩麻挫针,凡冠带履袜之属,咸手出,勤者日可给二三人"(万历《休宁县志》《舆地志·风俗》)。

【原文】

绕膝①怡愉务洽其心。

【译注】

①绕膝:儿女围绕在父母的跟前,引申为儿女侍奉在父母身边,孝养父母。

对待婆婆非常有孝心,时常围绕在她的跟前,引得她心情愉快。

辑自《丰南志》第5册,《一恭孺人行状》。

【感悟】

　　这句话讲的是歙县丰南一商人从商二十余年,他的妻子汪氏孝养婆母。婆媳关系最难处理,徽商妇贤惠,能像对待自己的母亲那样对待丈夫的母亲,不仅代替丈夫赡养婆婆,还很孝顺婆婆。

【故事链接】

徽商妇的孝悌友爱

　　勤劳质朴的徽商妇心地善良而美好,对待亲朋好友,无不充满孝悌友爱之心。她们孝敬公婆,礼待姑娌,支援亲友,建立了良好的人际关系。婆媳关系历来是亲属关系中最难处的一环,而徽商妇却表现出极大的孝心,建立起亲密的婆媳关系。休宁西门汪君出贾荆襄,其妻朱氏,"操井臼以事舅姑,其舅姑甚宜之"(《休宁西门汪氏宗谱》卷6《隐君君实七秩寿序》)。

【延伸阅读】

　　勤劳的徽商妇在徽商经营受挫、家庭遭受重大变故时,她们能够不畏挫折,独立支撑其家庭的重担,率领全家渡过难关。如休宁由溪程君外出经商,不幸"卒于旅","人负程君贷,悉焚其券无所待归",而"乡人踵门收责者无宁日"。其妻吴氏"倾奁佐还之",家庭生活日益艰难,但她并没有退缩,而是怀着巨大的悲痛,"勤治女红",并培养儿子程锁,最终程锁"承志服贾,起家累巨"(《休宁率东程氏家谱》卷11,《程母吴孺人传》)。

【原文】

> 视姑①如母,姑亦予视安人。

【译注】

①姑:古代丈夫的母亲称"姑",丈夫的父亲称为"嫜"(zhāng)。

(江才的妻子郑氏)把婆婆当做自己的母亲看,婆婆也把她当成自己的孩

修身金言

子看。

辑自《歙县溪南江氏族谱·赠安人江母郑氏行状》。

【感悟】

在徽商外出经商的时候,徽商妇与徽商的母亲(曾经的徽商妇)结成同盟,情同母女,相亲相爱,以解徽商后顾之忧。反观当今婆媳关系,似乎要好好反省了。

【故事链接】

她们平时奉养姑嫜,在姑嫜遘(读 gòu,指相遇、相逢)疾时,不仅亲自侍奉汤药,甚至割股以疗,求上苍让她代为受过。

【延伸阅读】

勤劳的品质一旦形成,大多终身不移,即使在家庭富有或者自身年老力衰时,徽商妇仍不辍劳作,保持勤劳的可贵品质。如歙商许尚质,从小外出经商,苦苦经营一辈子,积累了不少资金,年老返乡后,夫妇并没有坐享清福,"乃犹日竞竞力作,采山灌园,莳瓜芋,树梨栗,并亲诸仆妾事,无少倦"(《歙县许氏世谱·朴翁传》)。勤劳已成为不可改变的"天性",这种现象在徽商妇中是很普遍的。

【原文】

> 出恒数载一归,亦时有久客不归者,新婚之别,习为故常。然妇女类能崇尚廉贞,保持清白。

【译注】

(徽商)经常外出经商几年才回家一趟,有时有的徽商还久居外地不回家,新婚就离别,这些都习以为常。但是徽商妇都能崇尚廉洁、贞节,保持清白。

【感悟】

汉代桓宽说:"不以穷变节,不以贱易志。"(《盐铁论·地广》)意思是:"不因为不得志而改变气节,不因为地位卑下而改变志向。"徽商妇虽是女流之辈,也能在生存环境非常恶劣的情况下保持清白。

【故事链接】

徽州地区是"程朱阙里",故被笼罩上浓厚的程朱理学的氛围。朱熹认为"天理存则人欲亡,人欲胜则天理灭"。二程(程颢、程颐)认为"女子饿死事小,失节事大",他们提倡"存天理,灭人欲",要求"妇女从一而终,以顺为正"。在程朱理学的影响下,徽州妇女把守贞、殉节作为道德的最高境界,灭除一切正当的人性情欲,甚至以种种残酷的手段结束生命,以求得建立贞节牌坊的哀荣。所以徽州地区"女子正洁,不淫佚"(淳熙《新安志》卷1《风俗》),多节烈之妇,其中不少就是徽商的妻子。

【延伸阅读】

康熙《徽州府志》卷16《列女传》上记载:歙县岩寺徽商谢缙病故,其妻蒋氏年方十八。为守贞节,在丈夫去世的那一天,她"即自经,为姑救免,遂绝粒五日,且以斧自击伤额",后又"坠楼死,石阶为断",真是尸横当街,血溅断石,令人惨不忍睹!

道光《徽州府志》卷三十六上记载:休宁朱次琴"随父贾于外,明年卒",其妻谢氏"闻讣投缳以救止,遂绝粒誓必死",后吞服铅粉、白锢、指环、石子,都无法致死,最后自经而死。

据民国《歙县志》记载,为封建礼教殉节的"孝贞节烈"之女共有五十六人,其中有两位受到立坊旌表,一位是"节尽三冬"坊表彰的鲍文源继妻吴氏,另一位是"矢志全孝"坊表彰的鲍文龄妻汪氏。清朝歙县巴庭鹏出外贾且死,其妻矢志抚孤,终生未再嫁,太守江恂以"松性筠心"旌其门(民国《歙县志》卷9,《人物·义行》)。徽州地区贞节牌坊比较多,其中不少牌坊就是徽商妇坚守贞操的历史见证。

【原文】

或为女而贞烈①，或为妇而贞节②，是皆足以励世。

【译注】

①贞烈：刚正而有节操，宁死不屈。②贞节："贞"为"正"，用在女性对男子，特别是妻子对丈夫的关系上，则是指专一。

为女子、妇人一定要贞烈、贞节，这些都能够激励世人。

辑自歙县《许氏宗谱·风例》的规定。

【感悟】

秦汉时期，女性伦理之中的贞节观念，并没有被作为一种国家意识形态加以倡导，女性再嫁乃寻常之事。至宋代，理学改变了中国的学术思想以及风俗制度，也使妇女的贞节观念在崇古的基础上愈演愈烈。经过宋、元、明三代对贞节观念的极端倡导，在进入清朝以后，贞节的含义变得比较偏狭，似乎成了一种宗教。

【故事链接】

徽 州 牌 坊

作为"徽州三绝"之一的徽州牌坊，从较为完整地保留下来的尚有100多座来推算，明清两代徽州建有牌坊千座。徽州的牌坊，式样各异。从建筑风格上看，有冲天柱式、门楼式；有一字形排开、口字型合抱；有两柱、四柱的，也有八柱的。从建筑材料上看，有砖、木的，更多的是石材的。从其内涵上看，有为科第高中而建的功名坊，有为仕途得意而建的恩荣坊，有为表彰尚义、孝友、贞节而建的善行坊。

在旧时徽州的一府六县中，歙县是保存牌坊最多的地方。著名棠樾的七座牌坊，并不是按年代排列的。它的排列顺序是：自东往西分别为尚书坊、孝子坊、节孝坊、慈孝里坊、孝行坊。突出了徽州人崇尚的"忠、孝、节、义"。

另外丰口村有四柱四面石坊，相传许国石坊就是仿造它而建造的；昌溪木牌坊是现仅存的二百座木坊之一；许村的"双寿承恩坊"是皇帝恩准为一对年过百岁的夫妻建造的；位于歙县中学里的"三元坊"，额坊上题有状元、会元、解元等字，是倡理重学的见证。

尊程、朱理学的徽州因徽商长年在外，为表彰妇女的贞节坊为数不少，仅徽州绩溪县明清两代就立有三十多座。

【延伸阅读】

据弘治《徽州府志》记载，宋初徽州府内尚无贞节牌坊；元代建贞节牌坊 1 座；明代则是 14 座。明弘治年间，徽州就有 152 位记入史册的贞节烈女。《古今图书集成》记载，"烈女"、"节妇"唐代只有 51 人，宋代增至 267 人，明代达 36000 人，而到了清代，仅安徽休宁一县，就有 2200 多人。

建于 1905 年的"孝贞节烈坊"旌表的数字更为惊人："徽州府属孝贞节烈 65078 口。"其实当时全国人口不多，加之官方记载的统计数字是不完整的，还有不少女子未被记载，因此这些数字是极为惊心动魄的。徽州贞节之风盛行，正如清歙人赵吉士所言："新安节烈最多，一邑当他省之半。"而商人妇则占了绝大多数。节妇人数之众，贞节牌坊之多，昭示了徽商妇"一世夫妻三年半，十年夫妻九年空"（唐德刚：《胡适口述自传》）的凄凉人生以及由封建礼教纲常所造就的惨烈人格。她们用自己的鲜血和青春换取了一座座的贞节牌坊——封建伦理的人造化石。从女性视角而言，贞节牌坊就是明目张胆的枷锁。徽商妇们用切身利益维持着封建礼教；用血泪和生命维护这种捆绑自己的锁链。

【原文】

> 君第去，吾为君侍养，必当而父母心，君无反顾。

【译注】

你放心地去经商吧，我一定会把公婆当做自己的父母来奉养，你不要有后顾之忧。

辑自《休宁西门汪氏宗谱》卷 6，《处士天赋公配朱孺人节妇行状》。

【感悟】

　　徽商长期在外经商,孝养老人、哺育幼子、维持生计的重担就落到徽商妇的身上。徽商妇以其独特的性格品德和思想修养,在徽州家庭中扮演着重要的角色。她们为徽商家庭的稳定,为徽商经济的发展,奉献出自己的青春,做出巨大的贡献。

【故事链接】

<h1 style="text-align:center">相 夫 治 家</h1>

　　黟县有一种风俗,男子成童,就出外经商,由"妇人专主家政"(《黟县乡土地理·风俗》)。《休宁县志》记载,丈夫长年远游经商,其妻含辛茹苦,"有自为食,而且食儿女者"。整个徽州,无不如此。徽商妇对家庭倾注了无比的爱心,使得徽商解除后顾之忧可以专心驰骋于商界,获取了丰厚的商业利润。歙县汪忠浩"行货于淮泗间","翁商外为多,孺人综理家政,各得其所"。钟公从夫贾,其妻"自甘淡薄,不惮其劳,以故翁罔内顾忧,遂得肆力于商事",汪翁亦暗自庆叹:"卒能起家累千金者孺人内助之功不少也"(《汪氏统宗谱》卷31,《行状》)。

【延伸阅读】

<h2 style="text-align:center">理学精神濡染</h2>

　　封建社会后期,理学成为社会的主流意识形态,封建纲常成为天理,反人欲更是理所当然。还出现了"言不合朱子,率鸣鼓而攻之"(朱彝尊:《道传录序》;章义和:《贞节史》)的场面。其中的贞节观念愈加被大力宣扬。徽州为程朱故里,徽商崇朱好儒,大力捐资办学,使得儒学观念及儒家礼仪在徽州流传之广、影响之深,远非他郡可比。《绩溪县志续编·硕行》云:"新安为朱子阙里,而儒学独茂,岂非得诸私淑者深欤!"崇儒重道成了徽州人普遍遵循的行为准则和道德规范。在程朱理学的熏陶下,徽州女子从小饱读"女子读物",如《内训》、《训女宝箴》、《古今列女传》、《女四书》、《女诫》、《女儿经》、《孝女经》等,"三纲五常"、"三从四德"则成了徽州女子立身处世的指南。而朱熹所强调的"妇人从一既终,以顺为正"及"饿死事小,失节是大"等理论更成了徽州女子所恪守的戒条。徽州贞节女子之众、贞节牌坊之多,正是这种理学教化的必然结果。

【原文】

自而来龀①以迄今日,秋毫皆伯氏功,第纳伯氏②千金,然后受养。

【译注】

①龀(chèn):小孩换牙,泛指童年。②伯氏:长兄。

这句话的大意是:从你童年到现在,你长兄的功劳不可抹,你接受了长兄的千金和券,是在他支持之下才取得了今日的成绩。

辑自《太函集》卷80,《汪处士赞》。

【感悟】

俗话说,亲兄弟,明算账。但是徽商妇教育子孙,兄弟彼此之间应该互相帮助,在利益方面不应该斤斤计较,要懂得兄弟同心,其利断金。徽商妇不仅自己努力处理好家族成员之间的关系,还教导子孙处理好家族成员之间的关系。

【故事链接】

绩溪胡氏宗族对族中子弟读书、赴试之资助与奖励银两,很多是源自族内徽商的捐助。该族规定:"凡攻举子业者,岁四仲月,齐聚会馆会课,祠内支持供给。赴会无文者,罚银贰钱;当日不交卷者,罚银壹钱。祠内托人批阅,其学成名立者,赏入泮贺银一两;出贡,贺银五两;登科,贺银伍拾两,仍为建竖旗匾;甲第以上,加倍。至若省试,盘费颇繁,贫士或艰于资斧,每当宾兴之年,各给元银贰两,仍设酌为饯荣行。有科举者,全给禄遗者,先给一半,俟入棘闱后补足;会试者,每人给盘费拾两。"(绩溪《民国明经胡氏龙井派宗谱》(绩溪)卷首《祠规》)这些经费中,来自于徽商的捐赠,应当说占据了很大的比重。此外明清时期,科举考试的花费颇为昂贵,一般家庭是无力承担这笔费用的,但在徽州由于徽商积极支持使得众多士子能够参加科考。

【延伸阅读】

佃仆——是由于种主田、住主屋、葬主山而以契约或宗规家法的形式确定与主人的关系,并归属于整个宗族的家奴,社会地位介于奴仆与佃户之间,这种以大量佃仆存在为基础的佃仆制,产生于东晋、南朝、隋、唐的部曲、佃客制的基础之上。它在徽州特别盛行,其原因可以归结为徽州乡绅势力特别强、奴隶制残余一直遗存等。但是,到清朝中后期,由于佃仆的绝对数量逐渐减少,徭役地租开始向货币地租转变,加上佃仆、奴仆起义频繁发生等原因,使佃仆制日渐衰落,最终走向消亡。

【原文】

家乡故旧①,自唐宋来数百年世系比比皆是。重宗义,讲世好,上下六亲之施,无不秩然有序。所在村落,家构祠宇,岁时俎豆②。

【译注】

①故旧:旧交,旧友;陈旧,过去。②俎豆:祭祀,宴客用的器具;引申为祭祀和崇奉之意。

这句话的意思是,家乡过去,自唐宋以来,数百年的世系比比皆是。每个宗族都重视族规、宗族义理,讲究世代交好,上下六亲,秩序井然。所在的村落,每个家族都有祠堂,以便节日时祭祀。

辑自明嘉靖《徽州府志·风俗》。

【感悟】

这段话载于明嘉靖《徽州府志·风俗》。从这里可以看出徽州宗族组织的固定性与严密性,这种组织产生于一定的社会条件下,对社会的发展起到一定的积极作用,但是随着社会的变迁、宗族的势力渐渐弱化,这种组织变得若有若无。

【故事链接】

理学与徽州宗族

　　理学渗透到社会生活中的最突出表现，就是徽州宗族组织的普遍性和稳定性。徽人各姓聚族而居，宗法势力极为强大，各个宗族以朱熹的《家礼》为蓝本制订规范族人行为的族规、家典。宗规家法中有诸多的有关贞节观的规定，要求女子"三从四德"；要"孝事公姑，和处妯娌，顺相丈夫，女工习尚"。族长也告诫本族子女"千年之冢，不动一抔；千丁之族，未尝散处；千载谱系，丝毫不紊"。若有违者，轻者跪香鞭笞，重者驱逐出族，永不归宗。《祁门方氏族谱》中"植贞节"也有条款规定："妇女守节最为难事，宗族中或不幸而孤寡者，近属亲邻当资给扶持之，待其节终，公举表扬，以励风化。"歙县《许氏宗谱·风例》规定："或为女而贞烈，或为妇而贞节，是皆足以励世"；"无父而孤，无夫而寡者"，"尤宜怜恤"。对于再嫁者，同治年间的《祁门县志》描述："必加以戮辱，出不从正门，舆必毋令近宅，至穴墙乞路，跣足蒙头，儿群且鼓掌掷瓦石随之。"《桂林方氏宗谱》中"凡例"也规定"如改志转嫁者，虽有子，止书其子，不节其母姓氏，为失节故也"。这些规定形成的舆论导向，在规范徽州女子行为的同时，钳制了她们的思想。她们从小感受宗法族权的威严，为宗法族权胁迫，不敢越雷池半步。宗族势力的强固让徽州女子成为最大的牺牲者。徽州各地都流传着孝子节妇的故事，守节寡妇的行为得到男子及其家族的欢迎，即使寡妇本人不愿守节，家族其他成员也会对她施加种种压力，迫其守节不嫁。守节则公举表扬，再嫁就戮辱蔑视，这样的反差令徽州女子只有牺牲自己的幸福去争取宗族的荣耀。她们不约而同地选择了守节，或夫死自缢，或立节完孤，或矢贞全孝，在痛苦和忧愁中度过漫漫岁月，还要以对亡夫守节的决心、纯真的母爱、崇高的孝行来完成守节、事姑、养育子女、延续宗嗣的重任。

【延伸阅读】

"二十四孝"故事浮雕

　　在黟县北部的雉山村，有一座繁雕满壁的木雕楼，在这家曾为从四品文官的宅院中，在厅堂的板壁、天井四周的莲花门、梁柱、雀替、云墩以及厢房的门窗、槛台等处，总之，目之所及处均饰以雕刻，是一座名副其实的木雕楼。就其图案分类：有历史上的著名人物、文学名士、历史事件以及神话传说等等。最为引人注目的是位于那十二对莲花门窗格心上的"二十四孝"故事浮雕,从东西依次排着《拾葚供亲》、《孝感动天》、《戏彩娱亲》、《鹿乳奉亲》、《为亲负米》、《啮指心痛》、《单衣顺母》、《亲尝汤药》、《郭巨埋儿》、《卖身葬父》、《刻木事亲》、《涌泉跃鲤》;西面依次排列着《怀橘遗亲》、《扇枕温衾》、《行佣供母》、《闻雷泣墓》、《哭竹生笋》、《卧冰求鲤》、《扼虎救父》、《恣蚊饱血》、《尝粪忧心》、《乳姑不怠》、《亲涤溺器》、《弃官寻母》。

后　记

　　说实话,笔者在日常生中接触的商人比较少,平时购物基本都是去超市,与商人没有直接、正面的接触;再就是平时在外面零星买点东西而遇到的小商小贩,商人给我的印象并不是很鲜明;只是时常从新闻报道里了解到一些商业欺诈,还有时常收到但并不去理睬的诈骗短信,还有偶尔会遇到的购物中可以解决或忽略不计的不愉快,商人给我留下的印象并不是很完美。但是,自从一年多以前接受编写《徽商修身金言》编写任务,深入了解徽商以来,我惊诧世上曾经有过如此的商人,他们以儒学为宗旨,以儒学义理为行为的准则,繁荣过,最后因多种原因没落了。但,我竟然对这样注重修身养性的商人肃然起敬了。于是,在编写这本书的时候,我怀着崇敬的心情,丝毫不敢大意,主要做到了以下几点:

　　1. 尽可能多地收集资料。

　　搜索查看有关徽商的论文三百余篇;参考徽商研究著作数十册;参照儒家经典及道家、法家经典十余册。编者在相关论文、著作中借用了很多精华的言论,在这里就不一一列出,一并表示最诚挚的感谢,感谢诸位专家学者对徽商修身精神的传播添砖加瓦,为弘扬徽商精神做出了很大贡献。

　　2. 按一定逻辑分门别类。

　　本书分为十六个部分,每个部分都有一个主旨,部分与部分之间具有一定的逻辑性,主要是按照儒家"修身、齐家、治国、平天下"这四个条目编写,十六个部分可以分别放到相应的条目之中。这样的编写既可以突出儒学对徽商修身的影响之深,又可以让读者真真切切地见到儒学影响的存在。

　　3. 联系儒学来分析阐释。

　　徽商修身方面的经典语句很多来源于儒家经典,有的甚至是直接引用于儒家经典而稍作修改,因此,我们可以、也有必要联系儒学来进行分析、阐释,以使读者更容易、更深入地理解徽商的这些金言。

　　4. 注重知识性、可读性。

　　徽商是一个群体,但不是一个孤立的群体,徽商的产生、形成都有特定的社

185

会背景、生活背景,因而编写内容有必要涉及相关知识的描述;同样,徽商的修身言论也不是凭空产生的,有特定的语境,有独特的故事,因而,编写的时候一般会列出金言所产生的整段话,以帮助读者理解。

徽商曾经的繁荣给我们留下了大量的物质和非物质文化遗产,"古街、祠堂、牌坊、名人、徽商老字号"等等都留有徽商的印迹,因而,在"故事链接"、"拓展阅读"这些部分也穿插了这些方面的文字,以期望读者更加全面地理解徽商。

5. 突出徽商妇的作用。

本书为徽商妇写下了浓浓的一笔,本书的最后部分,即整个第十六部分都是徽商妇的言论、徽商评论徽商妇的言论和相关言论。编者之所以这样做,主要是因为徽商妇之于徽商所起的作用是不言而喻的,她们解除了徽商的后顾之忧,使徽商能够放开手脚去经商;还因为,徽商妇很多是直接参与了他们丈夫或子弟的经营(从出资到出谋划策等等),她们也可以算得上是幕后的徽商了。

其中更重要的原因是,徽商妇在修身方面确实有很多值得描摹的地方,她们中的大多数在经济、社会环境极其恶劣的条件下,勤苦劳作,生活节俭到吝啬的地步,养活自己,甚或养活全家;她们为了丈夫的事业,倾其所有,在与丈夫长期分居的条件下,在几个月、一年、几年甚至几十年的等待中保守着贞节;她们能在等级森严的宗族之中处理好自己与公婆、妯娌、叔伯、子弟、子孙、邻里等等各种关系,这些不由得使人惊叹。

关于徽商精神还有很多需要我们去研究,需要大家去了解,让我们共同努力吧。

感谢为本书编著提供相关论文与著作的专家学者,感谢安徽省社会科学院哲学与文化所的同仁们无私支持与帮助。

编　者
2013 年 9 月